스트레스에 강한 **아이**

스트레스에 강한 아이

김순혜 지음

사과나무

스트레스에 강한 아이

1판 1쇄 인쇄 2012년 4월 13일
1판 1쇄 발행 2012년 4월 17일

지은이 김순혜
펴낸곳 도서출판 사과나무
펴낸이 권정자
등록 1996년 9월 30일(11 −123)
주소 경기도 고양시 행신동 샘터마을 301−1208
전화 (031) 978−3436
팩스 (031) 978−2835
이메일 bookpd@hanmail.net

값 12,000원
ISBN 978−89−87162−99−7 13370

강한 사람이란 가장 훌륭하게 고독을 견디어낸 사람이다.

—쉴러

제1장

아이의 **학습능력**을 높여주는 방법

아이의
학습능력을
높여주는
방법

1 책상은 간식 먹는 곳이 아니다

공부하길 좋아하는 사람은 거의 없습니다. 누구나 다 싫어합니다. 그렇기 때문에 이 싫어하는 공부를 하기 위해서는 공부하는 것이 습관이 되게 해야 합니다. 매일 아침 저녁으로 이를 닦는 것처럼 공부도 매일 같은 장소에서 같은 시간에 조금씩 해 가면서 생활의 일부분이 되어야 하는 것입니다.

공부가 습관이 되도록 하는 방법을 소개하면 다음과 같습니다.

공부하는 장소, 공부하는 시간, 그리고 공부하는 내용에 대한 것입니다. 공부하는 장소는 물론 책상입니다. 그런데 우리 아이들은 책상에 앉아서 공부만 하지 않습니다. 아마도 딴짓을 더 많이 할 겁니다. 엄마가 야단치니까 책상에 앉아 있기는 한데 공부하기는 싫고 그러다 보니 공상에도 잠겨 보고 만화책도 보면서 시간을 허비하는 경우가 많습니다.

책상에 앉아서 공부만 하도록 하기 위해서는 여러 가지 사항들을 고려해야 합니다.

우리는 보통 식탁에 앉으면 자동적으로 뭔가 먹을 생각을 합니다. 또는 소파에 앉으면 습관적으로 리모콘에 손이 가고 특별히 볼 것이 없으면서도 TV를 켜게 됩니다. 이러한 행동은 항상 그 장소에서 그 행동을 계속적으로 해왔기 때문입니다. 이와 마찬가지로 책상이라는 장소와 공부하는 행동을 계속적으로 굳게 연합해 놓으면 책상에 앉자마자 자기도 모르게 책을 펴게 되는 것입니다.

책상이라는 장소에 공부만을 연합시키기 위해서는 책상에서는 공부 이외의 어떠한 행동도 하지 못하도록 해야 합니다. 아이에게 이러한 점을 설명해 주고, 공부를 하다가 잡념이 떠오르면 얼른 책상에서 내려오도록 합니다. 또 만화책을 보고 싶으면 얼른 책상에서 내려와 방바닥에서 보도록 합니다.

물론 책상에서 뭔가를 먹는 것도 절대 안 됩니다. 아이가 공부하고 있을 때 엄마가 간식을 챙겨 주더라도 책상 위에 놓아서는 안 됩니다. 이런 식으로 책상이 공부하는 행동하고만 연합되어 있으면 책상에서 공부하는 행동이 자동적으로 몸에 배게 되는 것입니다.

요즈음 엄마들은 유치원 아이에게도 책상을 사줘서 아이들이 책상에서 온갖 것을 다 하는데 이것은 바람직하지 않습니다. 책상은 되도록 늦게 사주는 게 좋습니다. 1학년 때는 엄마가 옆에서 숙제도 봐주어야 하니까 상을 펴놓고 하는 게 좋고, 2학년이 됐을 때 책상을 사줘서 처음부터 책상에서는 공부 이외의 어떠한 활동도 하지 못하게 하여 공부와 다른 행동이 연합되는 것을 막아야 합니다.

책상을 방에 놓을 때는 되도록 벽을 바라보게 놓고 책꽂이는 앞에 놓는 것보다 옆에 놓는 것이 좋습니다. 책상 위에 여러 가지가 있으면 집중력이 분산되기 때문에 연필깎이, 저금통, 액자 등 어떠한 것도 놓지 않는 것이 책상에서 공부만 하는 데 도움이 됩니다.

2 공부 시간은 처음엔 10분에서 차츰 늘려나간다

공부 습관에서 가장 중요한 점은 집중해서 공부하는 것입니다. 집중하지 않으면 책을 봐도 머릿속에 들어오지 않습니다. 짧은 시간이라도 집중해서 공부하는 태도를 길러 주는 것이 필요합니다.

아이들이 집중할 수 있는 시간은 초등학교 저학년일 경우 20분 이내, 고학년일 경우는 30분 이내입니다. 그렇기 때문에 책상에 두 시간을 앉혀 놓아야 아무런 소용이 없습니다. 결국 제대로 하는 시간은 20여 분밖에 안 되고 나머지는 딴짓을 하게 됩니다. 계속 이렇게 책상에서 딴짓을 할 경우, 책상과 딴짓이 연합되어 책상에 앉으면 자동적으로 딴짓을 하게 되는 것입니다.

집중하는 습관을 들이기 위해서 처음에는 공부 시간을 10분 정도로 잡습니다. 평소에 아이를 관찰해 10분 동안 할 수 있는 과제의 양을 정해 놓고 아이를 책상에 앉힙니다. 그리고 아이와 같이 "공부 시작!" 하면서 타이머를 10분에 맞추어 놓습니다. 타이머가 없으면 알람시계를 사용해도 좋습니다. 벨이 울릴 때까지 한눈 팔지 않고 집중해서 공부한 뒤 쉬게 합니다. 이런 식으로 하루에 두세 번 정도 하면서 점차로 집중 시간을 늘려가는 게 좋습니다.

숙제를 할 경우에도 한꺼번에 하게 하는 것보다 두 번 정도로 나누어 집중해서 할 수 있게 하는 것이 좋습니다. 그리고 토요일 하루는 확실하게 놀게 해주는 것도 필요합니다. 아이도 스트레스를 풀어야 하니까요.

다음은 공부하는 내용에 대한 것입니다.

숙제는 기본적으로 하는 것이고 숙제 이외에도 학습지 한두 가지는 대부분의 아이들이 하고 있습니다. 학습지를 너무 여러 가지 시키는 것은 좋지 않습니다. 학습지라는 것이 반복 연습하는 것이기 때문에 지루합니다. 그러므로 학습지를 너무 많이 시키면 아이들이 지겨워할 수밖에 없고 그러다 보면 공부는 지겨운 것이라는 생각이 일찍 심어져서 앞으로 공부를 잘 해나가는 데 문제가 될 수 있습니다.

또한 학습지를 풀 때는 기계적으로 하지 말고 모르는 문제는 별표를 두 개, 아리송한 문제는 별표 한 개를 표시해 놓아서 시험공부를 할 때 별표한 것만 다시 풀어보게 합니다. 그리고 독서도 빠뜨려서는 안 됩니다. 아이 수준에 맞는 책을 선정해서 매일 조금씩이라도 읽히는 게 좋습니다. 독서 습관이야말로 어릴 때부터 꼭 길러 줘야 합니다.

3 공부 계획을 짤 때는 실천 가능하게

공부를 잘하고 못하고의 차이는 여러 가지 원인에서 발생합니다. 지능이 뒤떨어진다든가, 학습 환경이 좋지 않다든가, 또는 동기 유발이 되지 않아서 노력을 하지 않는다든가 등의 많은 요인들이 있지만 요령있게 공부하는 방법을 몰라서 공부를 못하는 경우도 있습니다. 특히 나름대로 열심히 공부하는데 성적이 오르지 않는 경우는 공부 방법에 대한 지식이 없기 때문입니다.

공부하는 방법은 특별히 가르쳐 주지 않아도 아이들이 스스로 터득해 가는 경우가 많습니다. 그러나 효율적인 공부 방법을 너무 늦게 터득하는 아이들은 기초 지식을 습득하는 것이 어렵게 되고, 그러면 상급학교에 진학해 학과 공부를 해나가는 데 최대의 걸림돌이 됩니다. 적어도 초등학교 고학년 때는 효율적인 공부 방법을 익히고 있어야 합니다. 외국의 경우, 정규 교과 과정에 공부 방법을 가르치는 시간을 둘 정도로 공부 방법에 대한 중요성을 인식하고 있으나 우리나라에서는 그렇지 못하기 때문에 가정에서 부모의 지도가 필요합니다.

무엇보다도 먼저, 적절하고도 효율적인 계획을 세워야 합니다.

계획을 세우지 않고 아무 때나 마구잡이로 공부를 하면, 공부하는 행위가 습관처럼 몸에 배지를 않습니다. 공부는 누구나 다 하기 싫어하는 것이기 때문에 습관화시키는 것이 무엇보다 중요하며, 이를 위해서는 정해진 시간에 정해진 양을 하겠다는 계획표를 짜는 것이 필요합니다.

그리고 계획표를 짤 때 가장 유의해야 할 점은 너무 욕심을 부려서는 안 된다는 것입니다. '작심3일'은 자신의 능력을 넘어서 너무 많은 양을 책정했기 때문에 일어날 경우가 많습니다. 계획은 지속적인 실행이 무엇보다도 중요하기 때문에 부족하다 싶을 정도의 양을 정해서 '실행의 기쁨'을 맛볼 수 있어야 합니다. 이 기쁨이 동기 유발의 원천이 되어서 공부하고 싶은 생각을 강화시키는 것입니다.

일반적으로 아이들의 계획표는 24시간 단위의 원을 그려 밥먹기, 공부하기, 학원 가기 등으로 나누어 각 영역마다 다른 색으로 칠해 놓은 것입니다. 이런 식보다는 '공부하기'의 부분만을 칠해놓는 것이 좋습니다. 왜냐하면 밥먹는 것, 잠자는 것 등은 결코 빠뜨리지 않지만 공부하기는 지키지 않을 때가 많으므로 공부하기 부분만 확실히 나타날 수 있게 칠하는 것입니다.

다음으로는 공부하는 시간에 해야 될 것을 과목별로 구체적인 양을 정해야 합니다. '7시부터 8시까지 수학 공부'라고 하지 말고 '7시부터 8시까지 수학 문제집 20~25쪽' 식으로 공부 분량을 구체적으로 명기해야 합니다. '몇 시부터 몇 시까지 수학 공부'하는 식으로 정해 놓으면 시간만 때우는 좋지 않은 습관이 들 수가 있습니다.

계획표의 단위는 초등학생일 경우 일주일이 적당합니다. 월 단위는 기간이 너무 길어 끝에 가서는 마음이 흐트러질 수 있으므로 일주일에 한 번씩 계획표를 짜도록 하는 것이 좋습니다. 지구력이 떨어지는 아이는 3일 단위로 하는 것도 괜찮습니다. 원으로 된 하루 일과표와 공부 계획표 일주일치를 벽에 붙여 놓고 실행한 항목을 지워 나가도록 합니다. 매주 일요일, 이번 주에 실천한 정도를 토대로 해서 공부 분량을 조정하면서 다음 주의 계획표를 엄마와 함께 짜도록 합니다.

계획을 실천한 정도에 따라 보상을 주실 때는 물건보다는 엄마의 칭찬이나 엄마의 기뻐하는 모습 등 무형의 것으로 하는 것이 좋습니다. 항상 무언가를 받기 위해서 공부를 하면 공부 자체에 대한 즐거움이 오히려 저해될 수 있기 때문입니다. 벽에 붙여진 계획표에 까맣게 지워지는 부분이 늘어나는 것을 보면서 아이는 스스로 동기 부여를 할 수 있습니다. 계획표대로 실행하는 과정에서 명심해야 할 것은 어제 것을 지키기 못했더라도 그 부분에 대해서는 잊어버리고 오늘 것을 해야 합니다.

강한 아이 만들기

공부는 누구나 다 하기 싫어하는 것이기 때문에 습관화시키는 것이 무엇보다 중요하며, 이를 위해서는 정해진 시간에 정해진 양을 하겠다는 계획표를 짜는 것이 필요합니다.

4 공부는 책상에 앉자마자 곧바로 시작한다

공부를 잘하는 아이와 못하는 아이의 차이점 중에서 재미있는 현상은 '공부 개시 시간'에서 차이가 있다는 것입니다. 공부를 잘하는 아이는 공부할 시간이 되면 책상에 앉아 곧바로 공부를 시작합니다. 그런데 공부를 못하는 아이들은 공부 시작 시간이 아주 늦습니다. 공부하겠다고 책상에 앉으면 책상 위에 있는 것들을 괜히 만지작거리면서 지체를 합니다.

심지어 어떤 아이는 오랜만에 공부하겠다는 마음이 들면 우선 주변 정리를 해야 한다고 생각하여 책상 위도 정리하고 책꽂이도 정리하고 책상 서랍 정리까지 합니다. 주변 정리하느라 시간과 에너지를 다 뺏겨서 결국은 공부는 시작조차 못하고 하루를 끝내는 아이들도 있습니다. 이러한 일련의 행위들은 '공부하기 싫다'라는 마음이 무의식 속에 잠재되어 있어서 나오는 것입니다.

공부를 곧바로 시작하기 위해서는 책상에 앉자마자 "공부 시작!"이라고 힘껏 크게 외칩니다. 큰소리로 '공부 시작'이라고 외치면서 동시에 타이머나 알람시계를 공부할 시간만큼 맞추어 놓습니다. 이렇게 하면 주의를 환기시킬 수 있기 때문에 새로운 마음가짐으로 공부에 임할 수 있습니다.

그리고 그날 공부할 책들을 모두 책상 위에 올려놓고 시작합니다.

책상 위쪽에는 그날 공부할 책, 공책, 문제집들을 볼 순서대로 쌓아두고, 다 본 책은 오른쪽에 하나씩 쌓아 나가도록 합니다. 아이들은 그 모습을 보면서 상당히 뿌듯해 할 것입니다. 이러한 즐거움이 공부하고 싶은 마음이 들도록 하는 강화제가 됩니다.

이와 같은 맥락으로, 자기가 공부해 놓은 양을 보고 즐거움을 맛볼 수 있게 하는 방법이 연습장을 마련하는 것입니다. 낱장으로 된 종이보다는 제대로 된 공책을 연습장으로 사용하여 지금까지 공부한 양을 수시로 보면서 스스로 동기 유발이 되도록 합니다.

강한 아이 만들기

공부를 잘하는 아이는 공부할 시간이 되면 책상에 앉아 곧바로 공부를 시작합니다. 그런데 공부를 못하는 아이들은 공부 시작 시간이 아주 늦습니다.

5 복습보다 예습을 철저히, 그리고 복습은 쉬는 시간에

공부할 시간이 많으면 예습과 복습 모두를 하는 것이 더할 나위 없이 좋겠지만 요즈음 아이들은 학원 순례를 하기 때문에 집에서 따로 공부할 시간이 없습니다. 이럴 경우, 복습은 못하더라도 예습은 꼭 해야 합니다. 다음날 배울 부분을 미리 읽고 수업에 임하면 구체적인 내용은 남아 있지 않지만 '전체적인 큰 틀'이 머릿속에 자리잡고 있어 수업 시간에 듣는 세부적인 내용들이 잘 입력됩니다. 즉 배급을 타러 갈 때, 빈손으로 가는 것보다 담아 올 그릇을 들고 가는 것이 더 좋은 것처럼 다음 시간에 배울 내용을 담을 그릇을 미리 준비하는 것이 예습의 기능인 것입니다.

예습을 할 때는 무조건 읽는 것보다 스스로 질문을 하면서 읽는 것이 좋습니다. 따라서 예습이 끝났을 때는 머릿속에 몇 가지 질문이 들어 있어야 합니다. 다음날 학교에서 수업 시간 중에 의심났던 부분을 해결하게 되면 그 내용은 결코 잊혀지지 않습니다. 또한 예습을 하게 되면 수업 시간에 발표를 잘하게 되어 선생님께 인정받을 수 있고 자신감도 갖게 되어 공부를 잘할 수밖에 없는 것입니다.

그리고 복습은 쉬는 시간에 해야 합니다.

토막 시간을 잘 활용하는 것도 공부 전략의 하나입니다. 10분의 쉬는 시간 중 단 2~3분 동안이라도 방금 배운 부분을 한 번 보고 책을 덮는 것이 좋습니다. 우리가 흔히 경험하듯이 어제 배운 것도 기억이 잘 나지 않습니다. 거의가 망각된 것입니다.

이같은 현상을 주목한 에빙하우스라는 심리학자는 인간의 망각현상에 대한 연구를 하면서 시간과 망각률과의 관계에 대해 발표를 하였습니다. 그 결과를 보면, 한 시간 후의 망각률은 60%에 달하고, 여덟 시간이 지나면 80%가 망각되어 20%의 내용만이 머리에 남는다는 것입니다. 이 20%는 3~4일 후에도 계속 남아 있게 됩니다. 즉 학습하고 난 직후에 망각률이 크다는 것입니다. 그러므로 학습이 끝난 직후에 재학습을 하면 망각률을 현저하게 줄일 수 있습니다.

이러한 연구 결과에 비추어 볼 때, 수업이 끝난 직후에 금방 배웠던 내용을 다시 한번 보게 되면 훨씬 더 오랫동안 머릿속에 남아 있을 수 있기 때문에 10분 동안의 쉬는 시간을 잘 활용하는 것이 중요한 공부 전략이 되는 것입니다.

6 '자세하게 한번' 보다는 '대충 여러 번'

교육심리학 내용 중에 공부 전략으로 SQ3R(Survey, Question, Read, Recite, Review)이라는 것이 있습니다. 즉 다섯 시간 동안 자세히 한 번 읽는 것보다 다섯 시간 동안 다섯 번을 읽는 것이 효과적이라는 것입니다.

첫째 단계는 조사하는(Survey) 단계로서 큰 제목, 그림 등을 훑으면서 무슨 내용인가를 짐작하는 것입니다. 둘째 단계는 질문을 만드는 단계(Question)로서, 소제목들을 보면서 제목과 관련된 내용에 대해 스스로 질문을 해보는 것입니다. 그 다음 셋째 단계에서 비로소 처음부터 읽습니다(Read). 이때는 둘째 단계에서 생각했던 질문을 머릿속에 두고 읽어 나갑니다. 넷째 단계는 다시 한번 읽어보는 단계로서 (Recite) 앞서의 질문에 답을 찾는 단계입니다. 마지막으로 Review는 전체적인 내용을 잡아보고 어려웠던 부분들을 재학습하는 단계입니다.

초등학교 학생이 SQ3R의 공부 전략을 사용하는 것은 어려울 수도 있습니다. 그러나 한 번 자세히 보는 것보다 같은 내용을 여러 번 보도록 지도하는 것이 필요합니다. 전체적인 큰 틀을 잡아 놓고 그 속에 자세한 내용들을 집어넣어 주는 원리는 학습 전략의 기본이 되기 때문입니다.

어머니들도 경험하셨을 것입니다. 고등학교 때 모든 학생들이 공부하던 〈종합영어〉라는 책이 있었는데 상당히 두꺼운 책입니다. 그 책의 목차를 보면 명사, 대명사, 형용사, 부사, 동사… 순으로 되어 있습니다. 대부분의 학생들은 명사 부분에서 복수형, 여성형 등을 너무 자세하게 외우느라 지쳐 버려 정작 중요한 동사를 공부할 기회를 갖지 못한 경우가 많습니다. 이러한 현상도 '자세히 한 번'보다는 '대충 여러 번'의 전략을 사용했더라면 피할 수 있었을 것입니다.

요사이 개정된 책은 목차가 부정사, 동명사, 분사의 순으로 되어 있습니다. 이것은 앞에서 설명한 현상을 보완하기 위한 것입니다. 아이들 책을 보면 앞부분은 새까맣게 칠해져 있어 공부한 흔적이 있는데, 뒷부분은 손도 대지 않아 하얗게 남는 경우가 많습니다. '대충 여러 번'의 전략을 가르쳐 주셔서 효과적인 공부 방법을 익히게 합시다.

그리고 공부할 때는 자신의 학습 스타일에 맞춰서 공부를 합니다.

어떤 아이는 조용해야만 공부가 잘되고 어떤 아이는 너무 조용하면 불안해져서 어느 정도의 소음이 있을 때 공부가 더 잘됩니다. 따뜻한 곳보다는 추운 곳에서 공부가 잘되는 학습 스타일을 가지고 있는 아이도 있습니다. 학습 스타일의 요소들에는 소음 정도, 빛의 밝기, 온도

등의 환경적 요소가 있고, 새벽에 공부가 잘되는 종달새형과 한밤중에 공부가 잘되는 올빼미형 같은 시간적 요소도 있습니다. 이밖에도 혼자서 공부할 때 더 잘되는 아이가 있는 반면 친구나 엄마처럼 누군가 옆에 있어야 공부가 잘되는 아이도 있습니다.

매체를 사용할 때도 학습 스타일에 차이가 있습니다. 청각 자료가 학습 능률을 높이는 데 효과적인 아이가 있는 반면, 실제로 만지고 활동하는 자료일 때, 즉 실험을 해봐야 학습 효과를 보는 아이도 있습니다. 이렇게 학습 스타일이 다르기 때문에 그에 맞는 학습 자료를 마련해 주는 것이 좋습니다. 예를 들어 청각 자료가 맞지 않는 아이에게 카세트 테이프로 공부하게 하는 것은 효과적이지 못합니다. 이런 아이의 경우는 비디오 테이프를 선택하는 것이 좋습니다.

외국의 경우, 학기초에 학습 스타일 검사를 실시해서 아이들 각각의 학습 스타일을 알아보고 그에 맞는 학습 환경을 조성해 주려고 노력하고 있습니다. 음악을 들으면서 공부를 할 때 가장 능률이 잘 오르는 아이는 수업 시간에 헤드폰을 끼고 공부하게 하고, 조용해야만 공부가 잘되는 아이를 위해서는 바닥에 카펫을 깔아주고 되도록 구석에 앉을 수 있도록 합니다.

우리나라처럼 한 반의 학생 수가 많은 다인수 학급에서는 이러한 배려가 어렵지만, 부모나 교사들은 아이들의 학습 스타일이 서로 다르다는 점을 인식하고 되도록이면 다양한 환경과 가르치는 방법을 제공하려는 노력을 해야 할 것입니다.

7 시험 준비는
어렵고 싫어하는 과목부터

시험 준비를 할 때, 공부할 과목의 순서는 어렵고 싫어하는 과목부터 해야 합니다. 다음에 쉽고 재미있는 과목을 공부할 것이라는 기대가 보상이 되기 때문입니다. 또는 하루에 두 과목씩 공부할 것이라면, 중요하고 부담되는 과목과 가볍고 재미있는 과목을 짝지워 놓는 것이 좋습니다. 이러한 점은 상식적인 얘기라 모르는 아이가 없다고 생각되지만, 정작 시험 준비를 하면서 쉽고 재미있는 과목만을 공부하는 아이들이 상당히 많습니다.

시험 전날 해야 할 것은 많은데 시간이 없는 경우, 뒷부분부터 공부하는 것도 하나의 요령입니다. 처음부터 공부하다 잠들어 버려 뒷부분을 전혀 못 보고 시험을 치르는 것보다는 앞부분을 못 보더라도 뒷부분을 보고 시험을 치르는 것이 낫습니다. 뒷부분을 알면 전체 내용의 큰 흐름을 알 수 있기 때문입니다. 또한 평소 문제집을 풀 때, 틀린 문제에 표시를 해놓으면 표시해 놓은 문제만을 다시 공부하면 되므로 시간 절약을 할 수 있어 좋습니다.

시험을 치르고 온 아이한테 제일 먼저 물어보아야 할 것은 모르는 것이 얼마나 있었는지 알아보는 것입니다. 몇 개가 틀렸는지 몇 등이나 했는지보다는 아이가 현재 학교에서 가르치는 내용을 이해하고 있는지 알아보는 것이 더 중요합니다. 틀린 문제는 꼭 다시 한번 풀어 보아 다음 진도를 공부하는 데 도움이 되도록 합니다. 시험은 얼마나 알고 있는지를 평가하는 기능도 있지만, 시험을 치르는 진정한 목적은

내가 무엇을 모르고 있나를 확인하기 위한 것입니다.

또 한가지 공부를 잘하는 지름길은 수업 시간에 선생님 말씀을 잘 듣는 것입니다.

혼자 참고서 등으로 공부하며 자습하는 것보다 수업 시간에 열심히 듣는 것이 훨씬 효과적입니다. 바로 이것이 교육의 필요성입니다. 초등학교 1~2학년 때는 수업 시간에 집중을 잘하는데, 3~4학년이 되면 슬슬 수업 태도가 나빠지기 시작합니다.

이때부터 엄마가 개입을 해서 훈련을 시킬 필요가 있습니다. '자기 암시법' 같은 방법도 하나의 훈련 방법으로서 자신도 모르게 습관처럼 몸에 배게 하는 것입니다. 학교에 갈 때 현관에서 "나는 수업 시간에 잘 듣는다"라는 말을 큰 소리로 여러 번 복창하게 한 뒤 학교에 가게 합니다. 학교에 가서도 수시로 이 말을 중얼거리라고 합니다. 우리 아이의 경우, 이 훈련이 어찌나 잘됐던지 책과 공책마다 이 말을 크게 써놓고 실행에 잘 옮기더니 중학교에 가서도 계속했었습니다.

또 한 가지 아이에게 일러줄 것은 '수업 시간에 선생님과 눈 맞추기'입니다. 선생님이 말씀하실 때 언제나 선생님 눈을 똑바로 쳐다보라고 합니다. 이렇게 하면 주의집중을 잘할 수밖에 없습니다.

수업 시간에 선생님 설명을 잘 듣는 아이가 되기 위해서는 과외나 학원에서 진도를 너무 앞서가지 않도록 해야 합니다. 이미 알고 있는 내용을 배우면서 주의집중을 하기란 어렵습니다. 초등학교 때 좋지 않은 수업 태도가 몸에 배게 되면 여느 버릇과 마찬가지로 상급 학교에

서도 그대로 지속될 수 있습니다. 그렇기 때문에 초등학교에 입학하기 전에 너무 많은 것을 미리 배우고 가면 좋지 않은 수업 태도가 습관화되기 쉽습니다.

강한 아이 만들기

시험 전날 해야 할 것은 많은데 시간이 없는 경우, 뒷부분부터 공부하는 것도 하나의 요령입니다. 뒷부분을 알면 전체 내용의 큰 흐름을 알 수 있기 때문입니다.

8 초등학생의 성적 차이는
실력 차이가 아닌 주의집중의 차이

주의집중의 문제는 초등학교 자녀를 둔 부모들, 그리고 선생님들이 가장 걱정을 하는 부분입니다. 수업 시간에 주의집중을 하지 않으면 학습이 될 수가 없고 성적이 떨어지게 마련입니다. 사실 초등학교 저학년의 성적 차이는 실력 차이라기보다는 주의집중의 차이라고 해도 지나친 말이 아닙니다.

오랜 시간 책상에 앉아 있다고 해서 공부가 잘되는 건 아닙니다. 짧은 시간이라도 집중을 해서 공부해야 합니다. 집중해서 공부하는 태도는 앞으로 공부를 해나가는 데 필수적인 요소이기 때문에 초등학교 때부터 습관화되어야 합니다.

주의집중은 우리가 정보를 처리해 나가는 과정에서 첫 번째 단계에 속합니다. 이 첫 단계에 문제가 있으면 이후의 정보 처리가 안 되기 때문에 굉장히 중요한 단계인 것입니다.

우리의 감각기관은 항상 열려 있기 때문에 수많은 자극들이 들어오게 되어 있습니다. 떠 있는 눈, 열려 있는 귀 등은 엄청난 정보들을 받아들이고 있습니다. 그러나 정작 우리에게 필요한 정보는 극히 일부분에 지나지 않습니다.

이렇게 수많은 정보 중에서 우리에게 필요한 극히 일부의 정보를 선택해서 받아들이기 위해 필요한 기제가 주의집중 기제입니다. 지금 어머니께서 이 책을 읽고 있는 순간에도 어머니의 귀로 자동차 소리, 시계 소리 등 여러 가지 자극이 들어오고 있습니다. 그렇지만 어머니께서는 다른 소리들은 무시하고 이 책의 내용만을 처리하고 있습니다. 어머니께서는 지금 주의집중을 하고 계시는 겁니다. 다시 말해서 주의집중이란 다른 불필요한 자극들은 무시하고 필요한 자극들만 선택해서 받아들이는 것을 말합니다.

그런데 주의력이 부족한 아이들은 불필요한 자극까지 마구 받아들이기 때문에 문제인 것입니다. 그러므로 아이가 주의집중을 잘하도록 하기 위해서는 아이 주변에서 불필요한 자극들을 없애주는 것이 좋습니다. 예를 들어 아이들이 책상에 앉아 공부를 할 때도 딴짓을 많이 하는데, 공부하는 데만 집중하도록 하기 위해서는 책상 위에는 공부하는 책 이외에는 아무것도 놓지 않아야 합니다. 책상 위에 놓인 저금통, 연필통, 연필깎이 등의 여러 가지 물건이 모두 아이의 주의 집중을 방해하는 것들입니다.

요즈음 시판되고 있는 책상을 보면 책꽂이가 옆으로 놓여 있는데 이것 역시 아이들의 주의집중을 감안한 것입니다.

그리고 초등학교 때부터 음악을 틀어 놓고 공부하는 아이가 있는데 이것 역시 좋지 않습니다. 인간은 동시에 두 가지를 처리하기가 어렵습니다. 공부도 하고 음악도 듣는 것이 어렵다는 것입니다. 음악 중에서도 가사가 없는 클래식이나 가사 내용을 모르는 팝송일 경우는 그래도 괜찮지만 우리말 가사가 있는 가요는 방해가 됩니다. 책이나 노래 가사나 둘 다 언어 자료이기 때문에 노래 가사를 무시하고 책의 내용만을 받아들이는 것이 어렵기 때문입니다.

이러한 점에서 볼 때, 심야 방송의 음악 프로는 상당한 방해 요소를 가지고 있습니다. 음악보다 DJ의 멘트가 많기 때문에 같은 언어 자료를 공부하기가 어려운 것입니다. 음악이 나오는 동안에 열심히 공부를 하다가도 DJ의 멘트가 나오면 순간적으로 주의집중이 책에서 멘트로 전환됩니다. 이러한 현상은 중고등학교 때도 마찬가지니까 절대로 습관화되지 않도록 주의하셔야 합니다.

9 주의집중을 훈련시키기 위해서는 적은 양을 짧은 시간에

주의집중에서 문제가 되는 것이 지속성입니다. 얼마나 오랫동안 집중을 잘하느냐 하는 것입니다. 다른 아이는 책상에 앉으면 한 시간 정도는 조용히 있는데, 우리 아이는 10분을 못 앉아 있다고 걱정하시는 엄마들이 많습니다.

그러나 주의집중을 오래할 수 있는 것은 처음부터 갖추어지는 것이 아니라 연령이 증가하면서 점차로 획득되어지는 것입니다. 학교의 수업시간이 초등학교는 40분, 중학교는 45분, 고등학교는 50분씩으로 되어 있는 것도 아이들의 지속 시간이 점차로 늘어가는 것을 감안한 것입니다.

집에서 혼자 공부하는 것은 수업 시간보다 더 지루하기 때문에 한 번에 40분 동안 집중할 수가 없습니다. 엄마가 강압적으로 책상에 앉게 하더라도 결국 집중할 수 있는 시간은 20~30분을 넘지 못합니다.

그러다 보니 아이는 책상에서 딴짓을 많이 하게 되고 이것이 습관이 되어 효율적인 공부를 할 수가 없게 됩니다.

그러므로 아이의 주의집중을 훈련시키기 위해서는 적은 양을 짧은 시간에 집중해서 하도록 합니다. 우선 공부해야 할 양을 나누어 줍니다. 학습지 같은 경우도 한 번에 모두를 풀게 하지 마시고 10분 정도에 할 수 있는 양으로 나눠서 하라고 합니다.

아이가 책상에 앉아서 풀기 시작하면 타이머나 알람시계를 10분 후에 맞추어서 옆에 놓습니다. 벨이 울릴 때까지 잘 풀어야 한다고 하십시오. 집중을 잘 못하는 아이들은 시간을 정해 놓으면 얼렁뚱땅 해치워 버리는 경향이 있기 때문에 엄마가 검토하는 것을 잊으시면 안 됩니다. 그러므로 시간도 지키고 문제도 잘 풀었을 때에만 보상을 주셔야 합니다.

그리고는 잠시 쉬게 한 다음 다시 10분 동안 풀게 하고 다음에 또 쉬었다가 10분 동안 풀게 해서 짧은 시간이라도 집중하는 습관을 들여 놓습니다. 아이가 잘 따라하면 2~3주부터는 집중 시간을 20분 정도로 늘려 가십시오. 이러한 주의집중 훈련을 위해서 타이머나 알람시계 또는 쿠폰이나 스티커 등을 반드시 준비하셔야 합니다.

그런데 아이가 5분 정도도 주의집중을 못 한다면 전문가의 치료를 받아야 합니다. '주의력 결핍 과잉 행동'이라는 증상이 있는데 주의집중이 안 되고, 잠시도 가만히 있지 못하고 많이 움직이며, 지나치게 산만한 경우입니다.

이러한 증상은 대체로 사춘기 이후에 자연적으로 없어지기도 하지만 초등학교 때부터 성적이 나빠지는 원인이 되기 때문에 여러 가지 부정적인 영향을 초래합니다. 자신의 지적 능력에 대한 열등감이 형성되어 부정적인 자아상을 갖게 되고 이것이 중고등학교 때까지 이어질 수 있습니다. 공부를 포기할 수도 있다는 것입니다. 그러므로 증상이 심하다 싶으면 소아정신과 전문의와 상담을 해보셔야 합니다.

강한 아이 만들기

집중을 잘 못하는 아이들은 시간을 정해 놓으면 얼렁뚱땅 해치워 버리는 경향이 있기 때문에 엄마가 검토하는 것을 잊으시면 안 됩니다.

10 충동적인 아이가 시험을 치를 땐 문제를 끝까지 읽도록 한다

부모님뿐만 아니라 초등학교 선생님들이 아이들을 다루는 데 있어서 가장 큰 문제는 아이들이 너무 산만하다는 것입니다. 특히 요즘엔 산만한 아이들이 너무 많아서 선생님들이 수업을 진행하는데도 어려움이 많다고 합니다. 심지어는 왔다갔다하는 아이까지 있어서 무척 고생을 하신답니다.

산만한 아이들은 대체로 충동적이어서 참고 기다리는 것을 못합니다. 산만한 아이들의 전형적인 특징은 규칙대로 행동하는 것이 잘 안 되고 끝마무리를 못하는 것입니다. 이것 했다, 저것 했다 하면서 진득하게 한 곳에 앉아 있지를 못합니다.

이렇듯 아이의 산만함은 여러 일상 생활에서의 문제 행동들을 유발시킬 뿐만 아니라, 학습 활동에서도 상당한 장애가 되어 대체로 공부를 잘 못하는 경우가 많습니다. 시험을 볼 때면 끝까지 읽어보지 않고 충동적으로 답을 쓰기 때문에, 빨리는 푸는데 아는 문제도 실수로 틀리는 경우가 많습니다. 이렇게 해서 계속 나쁜 성적을 받게 되면 자기 능력에 대한 부정적인 생각을 갖게 되어 나중에는 노력도 하지 않고 그냥 포기해 버리는, 그야말로 무력감을 갖게 될 수도 있습니다.

지금 우리 청소년들 중에서도 이런 학생들이 상당수 있어 청소년 문제를 야기시키고 있는 것입니다. 그러므로 부모님께서는 어릴 때부터 훈련을 시켜서라도 고쳐 보려는 노력을 하셔야 합니다.

충동적인 아이들이 시험을 치를 때 보면 전형적으로 나타나는 현상이 있습니다. "무엇 무엇이 아닌 것은?" 하고 물었는데 끝까지 읽지 않고 긍정적인 답을 쓴다든가, 사지선다형일 경우 1번이나 2번이 그럴듯하면 3번, 4번을 읽지 않고 답을 표시해 버립니다. 그렇기 때문에 정답이 4번일 경우엔 틀리는 경우가 많습니다. 그리고 산수 문제에서도 아주 간단한 계산에서 틀려, 풀이 과정은 맞았는데 오답을 낼 수가 있습니다.

이러한 문제를 해결하는 방법으로 효과적인 것 중에 '자기 교시법'이라는 게 있습니다. 자기 교시법이란 자기가 자기를 가르친다는 뜻입니다. 우선 자기 암시를 통한 자기 교시법의 예를 들어 보겠습니다. 시험지를 받으면 그때부터 혼자 되뇌이기 시작합니다. 즉 중얼거리는 것입니다.

"나는 문제를 끝까지 읽는다. 나는 문제를 끝까지 읽는다."

이 말을 계속 반복하는 것입니다. 그리고는 문제를 풀기 시작합니다. 시험지를 받자마자 자기 암시를 하도록 훈련을 시키면 일단 문제를 끝까지 읽지 않는 버릇은 고칠 수 있습니다.

또다른 자기 교시법 중 하나는 '소리내어 생각하기'로서, 영어로는 'think aloud'라고 합니다. 즉 머릿속에서 매순간 생각나는 것을 소리내어 말로 하는 것입니다. 예를 들어 '36+27'의 덧셈을 풀 때면, "먼저 6 더하기 7을 해야지. 그러면 13이네. 그러면 3을 쓰고 하나가 올라갔지. 3이 4가 되고, 4에다 2를 더하니까 6이구나. 그래서 답이 63이야."

우리는 보통 이러한 과정을 머릿속으로 생각하지 말로 하지는 않습니다. 그러나 이 방법이 충동적인 아이들한테는 효과적입니다. 왜냐하면 충동적인 아이들은 문제를 너무 빨리 풀어서 오답을 내는 경우가

많기 때문입니다. 그러나 소리내어 생각하는 방법을 사용하면 보다 천천히 풀 수 있고 단계 단계를 빠뜨리지 않아 정확한 답을 산출할 수가 있습니다.

소리내어 생각하기에는 구체적인 훈련 절차가 필요합니다.

먼저 엄마가 시범을 보이고 아이로 하여금 따라하게 합니다. 이 과정을 여러 번 반복한 다음에 아이 혼자 해보도록 합니다. 집에서 문제를 풀 때, 항상 이 소리내어 생각하는 방법을 사용하도록 연습을 시킵니다. 또한 학교에서도 이 방법을 사용하기 위해서 소리의 크기를 점차로 줄여 가는 연습을 시켜야 합니다. 이 모든 것이 잘 이루어지면 그다음에 푸는 속도를 조절해 주시면 됩니다. 이와 같은 자기 암시법이나 소리내어 생각하기 방법은 산만하고 충동적인 아이들이 시험을 잘치르는 데 상당한 도움을 주고 있습니다.

강한 아이 만들기

산만한 아이들은 대체로 충동적이어서 시험을 볼 때면 끝까지 읽어보지 않고 충동적으로 답을 쓰기 때문에, 빨리는 푸는데 아는 문제도 실수로 틀리는 경우가 많습니다.

11 산만하고 충동적인 아이에겐
천천히 해라는 말을

아이가 전반적인 일상 생활에서 보다 차분한 아이가 되도록 하는 방법입니다.

첫 번째로는 엄마하고 '글자 찾기 게임'을 하는 것입니다. 아무 교과서나 한 쪽을 정해 놓고 아이와 '가'자 찾기, 또는 '을'자 찾기 같은 게임을 합니다. 얼마나 시간이 걸리나 보는 것이 아니라 얼마나 정확하게 찾느냐를 보는 것입니다. 아이가 정확하게 다 찾으면 부상을 주어 흥미를 갖게 합니다.

그리고 처음에는 활자가 큰 교과서로 하다가 나중에는 어른들 잡지 같이 작은 활자로 된 책을 이용하시는 게 좋습니다. 시간이 날 때마다 한 번씩 해보면 많은 도움을 받을 수 있습니다.

두 번째로는 아이가 어떤 일을 할 때마다 옆에서 엄마가 "○○야, 천천히 해라" 하면서 이 천천히라는 말을 자주 들려줍니다. 모든 것을

너무 천천히 하는 것도 문제가 되지만 산만하고 충동적인 아이들에게
는 천천히 하는 것부터 훈련시켜야 합니다.

세 번째로는 한 가지 일을 집중해서 끝까지 마무리 짓는 연습입니
다. 이 연습을 위해서 우선 식사 예절을 지키도록 합니다. 식사 시간이
면 차분하게 끝까지 식탁에 앉아서 식사를 끝내도록 합니다. 돌아다니
거나 주위의 다른 것에 눈을 돌리지 않도록 해야 합니다. 그러므로 식
사 시간에 TV를 켜놓는 것은 아주 좋지 않습니다.

네 번째로는 엄마가 아이를 위해 음식 조절을 시키는 것입니다. 집
중을 못하고 지나치게 부산스러운 아이들의 원인을 밝히는 과정에서
인스턴트 음식 속에 들어 있는 인공 감미료나 인공 색소 등이 약간의
영향을 준다는 사실이 밝혀졌습니다. 인스턴트 식품이 직접적인 원인
이 된다고는 말할 수 없지만 관계가 있다는 것입니다. 엄마가 힘드시
더라도 천연의 재료를 사용해서 직접 음식을 장만해 주시는 게 좋겠습
니다.

마지막으로는 스티커를 이용해서 아이가 바람직한 행동을 할 때마
다 보상을 주는 것입니다. 차분히 앉아서 엄마가 시키는 것을 잘 따라
하면 스티커를 하나씩 주는데, 처음에는 시간을 짧게 하셨다가 점차로
늘려 갑니다. 즉 처음에는 10분 동안 차분히 있으면 스티커를 하나 주
다가 이것이 잘되면 20분, 30분, 1시간으로 늘려 가는 겁니다. 모아진
스티커 수에 따라 정해 놓은 보상물을 줍니다.

충동적인 아이들은 매우 부산하고 말도 잘 안 듣고 성적도 나빠서

엄마에게 항상 야단만 맞게 됩니다. 이렇게 되면 공격적인 아이가 될 수도 있습니다. 특히 부모 자식간의 관계가 악화되기 때문에 더 좋지 않은 영향을 줄 수가 있습니다.

그러므로 엄마가 명심해야 할 것은 엄마 눈에 거슬리는 행동은 되도록 무시하면서 바람직한 행동이 나올 때는 곧바로 충분한 보상을 해주셔야 한다는 겁니다. 그러면서 앞에서 언급한 훈련을 꾸준히 해나가면 좋은 효과를 보실 수 있습니다.

강한 아이 만들기

아이가 어떤 일을 할 때마다 옆에서 엄마가 천천히라는 말을 자주 들려줍니다. 모든 것을 너무 천천히 하는 것도 문제가 되지만 산만하고 충동적인 아이들에게는 천천히 하는 것부터 훈련시켜야 합니다.

12 시험 불안이 있는 아이는 부모가
시험에 대해 모른 척한다

시험이 있는 사회 속에서 사는 사람은 정도의 차이는 있겠지만 대부분 시험을 치를 때 불안을 경험합니다. 시험 불안이란 시험이라는 특정 평가 상황에서 나타나는 불안의 한 형태입니다. 우리나라의 아동들은 치열한 입시 경쟁과 과열된 교육열로 어릴 때부터 학업에 대한 압박감을 받기 때문에, 서구의 학생들은 고등학생이 되어서나 시작되는 시험 불안을 초등학교 때부터 경험하게 되며 그 불안의 정도도 상당히 심각한 것으로 알려지고 있습니다.

시험 불안이 심한 경우에는 시험지를 받으면 글씨가 안 보이고 백지로 보일 때도 있습니다. 정도의 차이는 있지만 시험 불안이 시험을 잘 치르는 데 저해 요소가 되기 때문에 시험 불안을 줄이는 방법을 아이에게 가르쳐 주는 것이 필요합니다.

시험 불안은 아동의 기질 자체가 소심하거나 시험을 잘 봐서 인정을 받고 싶은 욕구가 클 때, 혹은 경쟁적인 아이일 경우, 다른 아이들보다 시험 상황을 더 위협적으로 느껴 가슴이 두근거린다거나 진땀이 나고 손이 촉촉해지는 신체적 변화를 보입니다. 그러나 이러한 아동 자체의 특성 외에도 초등학교 아동의 시험 불안은 부모의 태도에서 초래되는 경우가 많습니다.

초등학교 학생들의 부모들은 아이들에게 공부에 대한 동기를 심어 주려는 생각에서 시험을 잘 볼 경우 보상을 해주기도 하고 시험 성적이 나쁘면 힐책을 하거나 심지어는 체벌을 하는 경우도 있습니다. 이처럼 부모가 성적에 지나친 관심을 보이는 것은 생각대로 아이를 동기화시켜 성적의 향상을 가져 오지 못할 뿐 아니라, 아이가 시험을 치를 때마다 불안을 경험하게 합니다.

다소의 긴장감은 학습 동기를 유발시킬 수 있지만 시험에 대한 지나친 불안이나 걱정은 학습 능률을 저하시키고 시험에서 자신이 공부하는 것만큼의 성과를 거두지 못하게 합니다. 공부를 하거나 시험을 보는 것은 많은 주의집중을 요하는 일입니다.

우리가 집중할 수 있는 주의력이 무한하면 좋겠지만 우리가 어떤 일을 하는 데 집중할 수 있는 능력은 한정되어 있습니다. 그렇기 때문에 "시험을 못 봐 부모님께 꾸중을 들으면 어떡하지", "시험 성적이 나쁘면 선생님이나 친구들에게 창피할 텐데" 등 시험 결과에 대한 걱정이 많으면 정작 시험 문제를 푸는 데 쏟아야 할 주의를 이런 걱정에 뺏기기 때문에 문제가 되는 것입니다.

이처럼 시험 불안은 시험에 대한 부모의 태도, 아이 자체의 기질, 시험 결과에 대한 아이의 걱정 등이 원인이 됩니다. 따라서 시험 불안을 줄이기 위해서는 우선 부모가 아이 앞에서 시험에 대해 크게 관심을 보이지 말아야 하고 시험 결과에 대해서도 상이나 벌을 주지 않는 것이 좋습니다. 그리고 시험에 앞서 아이가 스스로 시험 상황에서 불안을 줄일 수 있는 대처 방법을 가르쳐 주는 것도 효과적인 방법일 수 있습니다.

시험 불안을 줄이는 훈련 방법에는 심호흡과 함께 긴장된 근육을 풀어 가는 '이완 훈련'이 있고, '나는 시험을 잘 볼 수 있어' '나는 불안하지 않아' 등 긍정적인 자기 진술을 통해서 불안을 감소시킬 수 있는 '자기 암시법'이 있습니다. 이와 같은 방법을 시험 전에 아이에게 연습시켜 실제로 시험 볼 때 연습한 것을 아이가 활용할 수 있도록 해줍니다.

강한 아이 만들기

시험 불안을 줄이기 위해서는 우선 부모가 아이 앞에서 시험에 대해 크게 관심을 보이지 말아야 하고 시험 결과에 대해서도 상이나 벌을 주지 않는 것이 좋습니다.

13 시험 불안을 줄이는 훈련 방법

아이의 시험 불안을 줄이기 위해서는 편안한 시간을 정해서 아이에게 눈을 감게 하고 시험 상황을 떠올리게 합니다. 시험 직전, 시험 당면, 시험 도중으로 나누어 장면을 상상하게 하는데, 처음에는 엄마가 자기 암시를 하면 아이가 따라하게 하고 다음은 아이가 혼자서 자기 암시를 하게 합니다. 예를 들면 다음과 같습니다.

시험 직전

시험날 아침 학교에 도착했어요. 친구들이 시험 공부를 하면서 웅성거리는데 마음이 안정되지 않고 떨리기만 합니다.

'왜 이렇게 떨리지? 방법이 있을 텐데. 잘못된다는 생각은 하지 말자. 차분히 마음을 가다듬자. 걱정한다고 나아지지는 않아.'

시험 당면

선생님께서 시험을 시작한다고 책상 위에 있는 것을 치우고 머리 위에 손을 얹으라고 하십니다. 왠지 공부한 게 생각나지 않는 것 같아 가슴이 두근거립니다.

'자기 암시를 해야지. 나는 할 수 있어. 자신감이 솟는 것 같다. 차근차근 마음을 가다듬고 내가 할 수 있다는 생각만 하자. 자, 마음을 편하게 갖고 심호흡을 하자.'

시험 도중

시험지를 받아 문제를 풉니다. 모르는 문제가 있어 시험을 못 볼 것 같아 불안한 생각이 듭니다.

'다른 생각은 하지 말고 이 순간에만 집중하자. 이 정도 불안한 건 할 수 없지. 시험인데. 이 정도 떨리는 건 당연한 거야.'

마음속으로 자기 암시를 하면서 간단한 심호흡과 함께 주먹을 꽉 쥐어 긴장한 후 서서히 펴면서 이완하는 방법을 함께 사용하도록 합니다. 이완 훈련에 대한 자세한 정보는 '근육 이완 훈련' 부분을 참조하시기 바랍니다.

이상과 같은 원리를 이용해서 아이들이 평소에 자주 사용할 수 있는 간단한 방법으로 '호이상공' 법이 있습니다. 문자 그대로 호흡하고, 이완하고, 상상하고, 공부하는 것입니다. 시험을 치르기 전이나 공부를 시작하려고 할 때, 또는 화가 많이 나서 화를 가라앉히려고 할 때, 이 방법을 사용하면 머리가 맑아지고 편안해져서 공부가 잘됩니다. 우선 심호흡을 합니다. 여러 번 크게 심호흡을 한 다음 팔다리를 이완시킵니다. 그 다음에는 즐거웠던 일을 상상해 봅니다. 지금까지 경험했던 일 중 가장 즐겁고 행복했던 순간을 떠올리는 것입니다. 이렇게 해서 마음과 몸이 편안해졌을 때 공부를 시작합니다.

14 놀기 전에
숙제부터 하는 습관을 심어준다

초등학생 아이를 둔 엄마들의 잔소리는 대부분 숙제에 관한 것입니다. '빨리 숙제해라', '숙제하고 놀아라', '숙제 다했니' 같은 말을 수도 없이 반복하지만 아이의 숙제하는 버릇은 잘 고쳐지지 않습니다. 30분이면 할 수 있는 것을 두세 시간 동안 꾸물대다가 다하지 못하고 잠들어 엄마를 애타게 합니다. 숙제하는 것도 일종의 습관이기 때문에 올바른 습관 들이기를 일찍부터 훈련시키는 것이 좋습니다.

올바른 숙제 습관을 길러 주는 몇가지 방법을 일러드리겠습니다.

먼저 숙제 시작하는 시간을 정해 놓아야 합니다. 무엇보다도 중요한 것은 숙제부터 하고 노는 습관을 심어 주는 것입니다. 싫어하는 일을 좋아하는 일보다 먼저 하는 습관을 갖게 하는 것은 공부할 때뿐만 아니라 앞으로 살아가는 데도 대단히 필요한 습관이기 때문에 어렸을 때부터 꼭 심어 주도록 하는 것이 좋습니다.

학교에서 돌아오면 어느 정도 쉬게 하고 숙제를 시작하게 합니다.

예를 들어 3시부터 숙제를 시작하기로 약속하셨다면 2시 50분쯤, 10분 후에 숙제를 시작해야 한다는 것을 아이에게 알립니다. 그리고 알람시계를 3시에 맞춰 아이 옆에 놓습니다. 시계가 울리면 곧바로 시작해야 됩니다. 숙제를 시작하면 다시 알람시계를 책상 위에 놓는데, 엄마가 평소에 관찰하셔서 숙제하는 데 걸리는 시간만큼 맞추어 놓습니다.

특히 오랜 시간 동안 꾸물대며 숙제를 하는 아이일 경우, 이 시간을 확실하게 지키도록 합니다. 만약 시계가 울렸는데도 다하지 못했을 경우엔 숙제 공책을 치워버려서 더 이상 할 수 없게 합니다. 절대 큰 소리는 내지 마시고 조용히 치우시기만 하면 됩니다.

다음날 다하지 못한 숙제 공책을 줘서 학교에 보냅니다. 그리고는 담임 선생님한테 전화를 해서, 우리 아이가 숙제를 다 못 하고 갔다는 것을 말씀드리고 꼭 숙제 검사를 하셔서 벌을 주라고 부탁합니다. 요사이 진도 때문에 숙제 검사를 종종 안 하는 선생님들이 계시기 때문입니다.

이 방법은 조금 가혹해 보이지만 아이의 숙제 습관을 올바르게 심어주고 자신의 잘못된 행동에 대한 책임을 지게 한다는 점에서 유용한 방법입니다.

15 엄마가 숙제를 도와줄 때에도
완성의 기쁨은 아이에게

엄마들이 아이의 숙제를 도와주는 시점을 보면, 대개가 숙제를 다하지 못하고 시간이 촉박할 때입니다. 이렇게 하다 보면 아이는 완성의 기쁨을 맛볼 수가 없습니다. 숙제를 다했다는 기쁨을 아이가 맛보게 되면 숙제는 지겨운 것이라는 생각에서 벗어날 수 있게 되고 내적인 동기도 갖게 됩니다.

그러니까 숙제를 도와주실 때는 처음 앞부분을 도와주고 뒷부분은 혼자서 하게 해 아이로 하여금 완성의 기쁨을 느낄 수 있도록 하는 것이 좋습니다. 이때도 엄마가 도와주는 시간은 점차 줄여가고 아이가 혼자 하는 시간은 늘려가는 것이 좋습니다.

또 한 가지 생각해야 될 부분은 숙제의 양이나 난이도에 관한 문제입니다.

숙제의 양이 너무 많아 아이가 한꺼번에 하기 힘든 경우에는 숙제를

1/2 또는 1/3로 나누어서 하도록 하는 것도 좋습니다. 숙제는 한꺼번에 다해야 한다는 생각을 버리셔야 합니다. 봐야 될 TV 프로그램이 있다면, 보기 전에 1/2을 하고, 본 후에 1/2을 하도록 하는 겁니다. 이렇게 숙제의 양을 나누어서 정해진 시간내에 하도록 하면 집중해서 숙제를 할 수 있어 좋습니다.

아이들이 숙제를 하면서 수시로 엄마에게 도움을 청하는 경우가 많은데, 어느 정도의 도움을 주는 것은 필요하지만 계속해서 엄마가 도와주다 보면 아이는 혼자서 문제를 해결할 생각을 하지 않습니다. 시간이 걸리더라도 혼자서 끙끙대며 생각하다 답이 나왔을 때의 희열을 아이가 자주 경험하게 해야 합니다. 이러한 경험이 아이에게는 공부를 하고 싶은 내적 동기를 갖게 하고, 문제 해결능력을 키워 줍니다. 공부에 대한 내적 동기는 상당히 오래 지속되는 것이기 때문에 공부에 대한 내적 동기를 가지고 있는 아이는 시키지 않아도 스스로 알아서 공부하는 아이가 될 수 있습니다.

따라서 아이가 도와달라고 할 때마다 도와주지 말고 도와주는 횟수의 한계를 정하셔야 합니다. 아이가 숙제를 시작할 때, '도움표'라고 쓰여 있는 다섯 장의 카드를 줍니다. 엄마에게 도움을 청할 때마다 도움표 한 장을 내야만 하기 때문에 숙제를 하는 동안 다섯 번의 도움만 받을 수 있는 것입니다. 아이는 엄마에게 물어볼 기회가 다섯 번밖에 없다는 것을 알면 웬만한 것은 제 스스로 해결해보려고 노력할 것입니다.

16 학습 부진의 원인은
아이의 불안정한 정서 때문

학력이나 학벌이 지나치게 강조되는 사회 분위기 속에서, 조기 교육이나 학습 촉진이라는 명분하에 쏟아지는 무분별한 교육상품과 정보의 홍수 속에서 소신있는 부모가 되기란 너무 힘든 것 같습니다. 자녀의 학업에 대해 막연히 걱정을 하고, 부담을 갖게 되며 자녀의 성적 향상에 최대의 관심을 쏟게 되는 것이 어쩔 수 없는 우리의 현실입니다. 그렇기 때문에 아이의 좋지 않은 학업 성적은 큰 걱정거리이며 머리는 좋은 것 같은데 성적이 그만큼 따라 주지 않을 때 더 애가 탑니다.

이처럼 학습 부진이란, 지능은 보통 이상인데 실제 학업 성적이 나쁘고 실생활에서도 제대로 자신의 지적 능력을 발휘하지 못하는 경우로서, 어떤 특정 과목이나 영역이 떨어지는 것이 아니라 전체적으로 고르게 성적이 나쁩니다. 이 점에서 뇌 기능의 이상으로 읽기, 쓰기,

셈하기 등 특정 영역에서 곤란을 겪는 학습 장애와는 다르며, 그렇기 때문에 학습 부진은 많은 경우 아이의 불안정한 심리 상태에서 생긴다고 볼 수 있습니다.

학습이 부진한 아이의 특징을 우선 학습 면에서 볼 때, 무엇을 배우고자 하는 동기나 호기심을 별로 보이지 않습니다. 학교도 마지못해 다니는 것 같아 부모의 애를 태웁니다. 그리고 어떤 공부를 어떻게 해야 할지 요령도 잘 모릅니다. 대부분 주의가 산만하고 배우는 속도가 느린 것이 일반적인 특징입니다.

또한 불안, 우울 등의 불안정한 정서 상태, 자기 중심적이고 충동적이며 의존적인 성격을 가진 경우가 많습니다. 학습이 부진한 것은 지능이나 학습 자체에 원인이 있기보다는 아이의 불안정한 정서 상태로 인해 학습 기능이 손상되기 때문입니다. 따라서 정서 문제가 있으면 거의 모든 경우 학습 부진이 나타납니다.

학습 부진의 원인은 개인에 따라 다양하지만 가장 흔한 경우는 부모의 기대치가 높아 공부만 닦달하는 경우입니다. 부모의 성화와 질책에 아이는 우울증을 경험하고 있는 것입니다. 우울증은 어른에게만 있는 것이 아니라 아이들에게도 있습니다. 단지 아이가 우울한 기분이나 감정을 표현하지 못할 뿐입니다.

이때는 TV나 오락 등 말초적인 자극 외에는 모든 활동에 의욕이나 흥미를 느끼지 못하고 무엇보다도 집중력이 떨어지기 때문에 아무리 책상에 앉아 있어도 머리에 들어오지 않고, 학교 수업을 통해서도 학습이 되지 않습니다.

부모가 엄한 경우, 집에서는 매우 순종적이지만 집에서 쌓인 스트레스를 학교에서 푸는 아이가 있습니다. 이런 아이는 선생님 말씀을 안 듣고 친구와 다투느라 제대로 수업을 받지 못해 학업 성적이 형편없는 경우가 있습니다.

그 외에도 말더듬, 눈깜빡임 등의 틱이나 다른 버릇으로 부모님과 선생님에게 자주 야단을 맞거나, 친구들의 놀림으로 위축된 아이들도 공부에 마음을 쏟을 여력이 없어 학습 부진이 오게 됩니다.

저학년의 경우 아이가 소심하고 예민할 때는 학교에서 담임 선생님의 태도도 중요한 요인이 됩니다. 선생님이 엄하거나 지나치게 감정적으로 대할 때, 또는 숙제의 양이 많아 아이가 힘들어 할 때도 학습에 대한 흥미를 잃게 됩니다.

이처럼 학습 부진에는 여러 가지 원인이 있으므로 부모님은 표면적으로 드러나는 학업 성적이나 학습 행동보다는 아이를 힘들게 하는 것이 무엇인지, 아이의 욕구가 무엇인지 근본적인 원인을 파악해야 합니다. 불안정한 심리 상태가 해결되지 않고는 부모님이 바라는 대로 스스로 알아서 공부하는 아이는 기대할 수 없습니다. 학습지를 좀더 시키고 과외를 시키는 것만으로 해결되지 않습니다. 학습 부진의 문제 해결은 단순히 성적 올리기의 문제가 아니라 부모님의 인내와 꾸준한 노력이 필요한 일입니다.

학습 부진아의 부모님에게 드릴 수 있는 말은 가장 원론적이면서도

어려운 일이지만 아이의 학업에 대한 과잉 기대를 버리시라는 것입니다. 그렇다고 마냥 기다리며 아이를 내버려 두어서는 안됩니다. 부모는 항상 강압적이지 않게 공부시킬 수 있는 방법을 생각해 보셔야 합니다.

우선 아이가 자신이 한 것에 대해 완성감을 갖고 칭찬을 받을 수 있도록 처음에는 조금씩이라도 매일 과제를 줍니다(구체적으로 산수 몇 문제, 국어 몇 쪽 식으로). 만약 아이가 주어진 것을 다 못 해도 이전보다 조금이라도 더 했으면 그 부분을 칭찬해 줍니다.

또한 아이가 공부 방법이나 학습 태도를 배울 수 있는 기회를 갖는 게 필요한데 이때 부모가 직접 관여하지 말고 학습 태도가 좋은 아이와 함께 숙제나 공부를 하게 하는 것도 방법일 수 있습니다. 그렇지만 이때 "너도 철이처럼 해봐" 식의 말은 아이에게 거부감을 주고 친구 앞에서 위축되는 결과밖에 가져 오지 않습니다.

학습부진 아이들은 대부분 주의가 산만한 경우가 많으므로 전화도 삼가고 형제들이 방해가 되지 않도록 해야 합니다. 그리고 매일 조금씩이라도 일정한 시간과 장소를 정해 공부하는 습관을 키우는 것이 중요합니다.

아이가 도움을 청하면 부모가 도움을 줄 수 있지만 부모가 아이의 성적을 향상시키겠다는 비장한 각오로 직접 가르치는 것은 우리가 쉽게 경험하듯이 대부분의 경우 결코 좋은 방법이 못 된다는 점을 덧붙이고 싶습니다.

17 산만하고 집중시간이 짧으면
학습 장애를 의심해 봐야 한다

학습 장애(Learning disability)는 우리가 흔히 알고 있는 '학습 부진'이나 '학습 지진'과는 다르며 흔치 않게 나타나는 학습 분야의 문제입니다. 지능이 떨어져서 학습 수행 자체가 힘든 것이 학습 지진이고, 지능은 보통 이상인데 성적이나 공부하는 것이 그에 따르지 못할 때를 학습 부진이라 합니다.

이러한 학습 부진은 후천적으로 생기며 이들의 대부분은 일차적으로 정서적 문제를 가지고 있는 경우가 많습니다. 이처럼 후천적 정서 문제로 생기는 학습 부진과는 달리 학습 장애는 선천적으로 미세한 뇌 기실상의 문제를 가지고 있는 경우로서 쓰기, 읽기, 셈하기 등의 특정 영역의 학습이 안 되는 경우로 학습 부진과는 다릅니다. 다시 말해 어떤 특정 인지 영역, 즉 주의집중, 사물의 지각, 기억 등에 장애가 있거나 대뇌의 작은 기능 장애로 인하여 전반적으로 학습 수행이 떨어질 수도 있고 특정 영역에서만 떨어지는 경우도 있습니다.

학습 장애 중에서 지능은 괜찮은 것 같은 데 읽기를 잘 못하고 책을 잘 읽지 않으려 할 때는 아주 드물게 '난독증'일 수 있습니다. 또는 아이가 간단한 산수의 계산도 잘 못하고 계산하는 것을 힘들어 하는 경우도 있는데 이 경우 학습 장애의 하나인 '셈하기 장애'일 수 있습니다. 또 어떤 경우엔 쓰기에 문제를 가질 수도 있습니다.

이러한 아이를 둔 부모님은 아이의 상태가 도저히 이해되지 않기 때문에 책을 읽지 않는다고 야단을 치기도 하고, 매일 많은 양의 산수 문제를 풀게 하기도 합니다. 이렇게 되면 아이는 학습 자체에 완전히 흥미를 잃게 됩니다. 또한 저학년 때는 읽기, 쓰기, 산수가 별개의 과목으로 나누어 있지만 고학년으로 갈수록 각 영역이 통합되기 때문에 읽기의 문제가 전과목에 걸쳐서 영향을 미치게 됩니다.

학습 부진의 원인이나 상태를 이해하지 못한 상황에서 과도하게 많은 학습을 시키거나 아이의 학습 행동을 야단치게 되면 아동의 학습 상태는 심리, 정서적 문제까지 포함되어 학습 장애의 문제를 더 악화시키게 됩니다. 즉 학습 장애는 근본적으로는 기초적 인지 과정의 결함이 원인이지만, 그후 이차적으로 생기는 정서적 요인까지 합해지면 더욱 심화되는 것입니다.

학습 장애 아동의 특성을 우선 인지적인 측면에서 살펴보면, 이들은 대부분 주의가 산만하고 집중 시간도 짧으며 암기한 것을 기억하는 데도 문제가 있을 뿐 아니라, 언어 영역에서는 표현력과 이해력, 문법 구조, 맞춤법의 이해가 떨어집니다. 이들은 사회적 상황에서도 문제를 보이는데 상대방의 의사를 적절히 해석하지 못하고 의사 소통 능력이 떨어집니다. 뿐만 아니라 행동 면에서도 충동적이고 공격적일 때도 있고, 혹은 반대로 우울하거나 위축되는 아동도 적지 않습니다.

또한 학업 실패가 반복됨에 따라 보통 이상의 지능을 갖고 있음에도 불구하고 스스로 머리가 나쁜 아이로 인식하게 되며 부모, 교사, 친구들에게 바보 취급을 받는 경우가 많습니다. 이렇게 되면 아이는 계속 좌절감을 느끼며 학습에 대한 흥미, 동기가 없어지고 급기야는 학습 자체를 거부하게 됩니다. 이처럼 학습 장애로 인해 생길 수 있는 사회, 정서적 부적응이 이미 가지고 있는 학습 문제를 더 어렵게 만드는 것입니다.

아이의 특정 영역 학습 능력이 다른 영역에 비해 현저하게 떨어질 때는 아이를 다그치거나 학습량을 늘리기에 급급할 것이 아니라, 왜 그런지 아이의 학습 행동을 세심하게 살펴볼 필요가 있습니다.

학습 장애는 가정에서 해결하기는 힘들며 전문 기관의 도움이 필요합니다. 조기에 발견하여 입학하기 전에 전문 기관의 도움으로 원인이 무엇인지 파악해 적합한 치료 및 보완 교육을 적절한 시기에 해주셔야 하며, 학교에서도 잘 적응해 갈 수 있도록 가정에서의 지속적이며 정서적인 지지가 필요합니다.

제2장

과외교육을
어떻게 **효과적으로**
시킬 것인가

18 자기 전에 책을 읽어주면
아이가 정서적인 안정감을 느낀다

아이면 어른이건 책 읽는 것이 중요하다는 것은 모두 다 아는 사실입니다. 글자가 몇 안 되는 그림책이라도 아이들은 책을 읽음으로써 많은 것을 얻을 수 있습니다. 실제 상황에 있지 않아도 머릿속으로 그려볼 수 있는 상상력을 키울 수 있고, 이야기의 전개과정으로부터 논리적 추리 능력 등을 기를 수 있기 때문입니다. 이러한 능력은 매우 중요한 능력이며 꾸준히 길러져야 합니다. 그러므로 아이에게 책을 읽히는 것은 문자 공부를 시키기 위한 목적보다는 상상력과 논리력, 추리력 등을 키우기 위한 것이어야 합니다.

우선 책을 선택할 때는 전집보다 낱권으로 사는 것이 좋습니다. 전집을 들여오면 처음에는 소유감 때문에 즐거워하지만 아무 책이나 마구잡이로 읽게 되어 한 권의 책이라도 완전히 내 것으로 만들기가 어렵습니다.

아이들은 성인과 달라서 한 권의 이야기책에서 계속적으로 새로운 것을 습득할 수 있습니다. 아이들은 읽을 때마다 새로운 것을 발견하기 때문에 같은 내용을 여러 번 읽어도 처음 읽는 것처럼 흥미있어 합니다. 이것은 아이가 지식을 획득하는 방법인 '조절'이라는 기제를 사용하기 때문입니다.

조절이란 머릿속에 있는 '이해의 틀'을 자꾸만 변형시켜 가는 것으로서, 지적인 발달이 일어나기 위한 필수적인 기제입니다. 또한 낱권으로 책을 사면 새 책을 사는 기쁨을 자주 갖게 되어 책 읽기에 대한 동기를 유발시킬 수 있습니다.

그런데 이야기를 들려줄 때 엄마들이 알아야 할 사항이 있습니다.

아이들은 한 번 들었던 얘기를 계속 들려 달라고 합니다. 이것도 '조절'을 하고 있는 것이기 때문에 계속 반복해 주어도 괜찮습니다. 특히 자기 전에 책을 읽어 주는 것은 아이가 정서적인 안정감을 갖게 하는 데에 아주 좋습니다. 엄마와 떨어져 자야 하는 상황을 잘 이겨낼 수 있게 해주기 때문입니다.

대체로 엄마들은 동생이 태어나면 큰아이에게 책 읽어 주는 행동을 그만두는데 이것은 옳지 않습니다. 책을 읽어 줌으로써 동생에게 뺏긴 엄마의 사랑을 확인할 수 있어 큰아이에게는 무척 도움이 됩니다. 매일밤 읽어 주기가 힘들면 일주일에 두세 번 정도라도 꼭 읽어 주는 것이 좋습니다.

어릴 때 엄마들이 아이에게 들려주는 이야기들은 대체로 옛날 이야기 식의 동화들이 많은데, 이것은 순기능과 역기능을 동시에 가지고 있습니다. 여자아이들이 많이 듣는 이야기는 신데렐라나 백설공주, 인어공주 또는 콩쥐팥쥐같이 어머니들이 어렸을 때부터 들어왔던 이야기입니다.

이러한 동화가 반드시 나쁘다는 것은 아닙니다. 한창 호기심과 상상력이 풍부해지는 시기에 이러한 이야기는 자극이 될 수 있습니다.

그러나 현대 사회를 씩씩하게 살아가야 할 여성으로 키우는 데는 이런 동화가 별 도움이 되지 않습니다.

이들 동화의 내용은 거의가 여성의 수동성, 의존성을 부각시키고 있

습니다. 어려운 난관을 헤쳐나가기 위해 스스로 노력하기보다는 왕자님을 만나서 왕자님에게 의존하고, 그래서 행복해지는 내용들입니다. 또한 여자가 행복해지려면 예뻐야 한다는 외모 지상주의 같은 좋지 않은 점을 아이에게 심어줄 수도 있습니다. 머릿속에 많은 것이 들어 있지 않은 어린 시기에 이러한 이야기를 들으면 곧바로 세뇌되어 각인되기가 쉽습니다.

요사이 창작동화 중에서는 독립적이고 주체적인 여자아이의 모습을 그린 것들이 있으니까 찾아보고, 이것이 어려우면 엄마 스스로 이야기를 다시 만들어 보는 것도 좋습니다. 또한 권선징악의 내용들만 읽어주는 것도 아이의 흥미를 감소시키니까 주의하셔야 합니다.

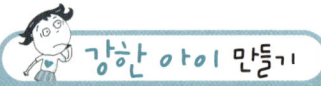
강한 아이 만들기

아이들은 읽을 때마다 새로운 것을 발견하기 때문에 같은 내용을 여러 번 읽어도 처음 읽는 것처럼 흥미있어 합니다. 이것은 지적인 발달이 일어나기 위한 필수적인 기제입니다.

19 영어 교육은 언제 시작하는 것이 좋은가?

요즘 초등학교 때부터 영어 교육이 실시되면서 자녀들의 영어 교육에 대한 관심이 고조되고 있습니다. 이에 편승해 온갖 영어 교육 자료와 학습법들이 상품화되어 부모님들을 더욱 혼란시키고 있습니다. 특히 외국어는 일찍 배워야 효과가 있다는 말이 상식처럼 모든 사람들의 머릿속에 각인되어 버려서 우리말도 완전히 학습되지 않은 어린아이들에게 무차별 영어 교육을 감행하고 있는 실정입니다.

영어 조기 교육에 대해서는 학자들마다 다른 견해를 보이고 있지만, 여기에서는 영어 조기 교육이 학습 자료 판매업자들이 주장하는 것만큼 그렇게 효과가 크지 않다는 것을 설명 드리려고 합니다. 안 하는 것보다는 하는 것이 나을지 모르지만 지금처럼 그렇게 많은 돈과 시간을 들여서 영어 조기 교육을 시킬 필요가 없다는 것입니다.

그럼 적절한 영어 교육 시기는 언제일까요.

현재 초등학교 3학년부터 실시하고 있는 우리나라의 영어 교육방침은 타당한 것입니다. 교육 정책을 입안할 때는 그냥 무턱대고 하는 것이 아니라 과학적인 이론에 기초해서 교육 전문가들이 숙의를 하여 결정하는 것이기 때문에 3학년이라는 시기는 논리적인 이유를 가지고 있습니다.

한 나라에서 영어를 배우는 상황은 두 가지가 있습니다.

하나는 우리나라나 일본과 같이 모국어와 전혀 다른 외국어로서 영어를 배우기 때문에 일상 생활에서는 사용하지 않고 학교나 학원같이 일정한 곳에서만 배우는 경우입니다. 또 다른 경우는 유럽의 여러 나라, 또는 인도 등과 같이 영어를 제2의 언어로서 배우는 것입니다. 이러한 나라에서는 모국어와 영어가 일상 생활에서 같이 쓰이고 있습니다. 이것을 영어로 말하면 EFL(English as a Foreign Language) 상황과 ESL(English as a Second Language) 상황이라고 합니다.

우리나라는 ESL 상황이기 때문에 모국어가 있고, 영어는 외국어로서 배우는 것입니다. 반면에 인도 같은 나라에서는 영어가 외국어가 아니라 일상 생활에서 모국어 다음으로 많이 사용되는 두 번째 언어가 되는 것입니다. 이것이 EFL 상황입니다. 이렇듯 나라마다 전혀 다르기 때문에 영어를 가르치는 방법도 달라져야 합니다. 영어를 일찍 가르치면 가르칠수록 좋다라는 말은 ESL 상황에 해당되는 것이지 EFL 상황인 우리나라의 경우에는 적용되지 않습니다.

언어 학습이 생후 초기에 이루어져야 한다는 것은 과학적으로 검증된 것입니다. 우리 인간에게는 언어 획득의 '결정적 시기'가 있습니다. 결정적 시기란 그때를 놓치면 이후에는 획득이 어려운 시기로서 '늑대 소년'의 경우가 언어 획득의 결정적 시기를 증명해 주는 적절한 사례가 될 수 있습니다. 소위 늑대 소년이라고 불리우는 아이가 사람들에게 발견되어 인간 사회에서 살게 됐을 때, 두 발로 걷기나 도구 사용 등 인간이 기본적으로 학습해야 할 것은 다 획득했는데 유독 언어만은 배우지 못했습니다. 언어 획득의 결정적 시기인 3세 전후에서 언어 자극을 전혀 받지 못했기 때문입니다.

언어 심리학자 촘스키는 우리 인간의 머릿속에는 LAD(Language Acquisition Device)라는 언어 획득 장치가 있다고 제안했습니다. 우리 인간은 LAD를 가지고 있기 때문에 동물과는 달리 언어를 사용할 수 있다는 것입니다. 그런데 이 LAD가 2~3세 때 머릿속에 장착되기 때문에 이 시기에 언어를 가르치면 큰 효과를 본다고 합니다. 영어 조기 교육을 주장하는 사람들이(특히 학원에서) 이 이론을 자주 인용하고 있지만, 이 이론은 모국어를 학습할 때에만 해당되는 것입니다. 우리나라처럼 영어를 외국어로서 배우는 곳에서는 적용되지 않습니다. 세계적인 동향을 보아도 우리나라 같은 EFL 상황에서의 영어 교육은 8~10세에 시작하는 것이 보통입니다.

20 자녀에게 영어 교육을 시킬 때 알아야 할 것들

초등학교 학생들에게 영어 공부를 시킬 때 부모들이 알아두어야 할 사항이 몇 가지 있습니다.

첫째, 영어 선생님이 반드시 미국 사람일 필요는 없습니다.

가장 좋은 영어 선생님은 우리말과 영어를 같이 쓰는 이중 국어 (bilingual)의 사람입니다. 외국어를 배우는 것은 그 문화도 같이 배우는 것이기 때문에 우리나라의 문화가 완전히 자리 잡히지 않은 어린아이들일 경우 외국 문화에 세뇌되기 쉽습니다. 또한 문화 차이에서 오는 언어 표현법의 차이도 같이 배우는 것이 중요하기 때문에 우리 문화와 미국 문화를 같이 알고 있는 사람이 좋습니다.

둘째, 외국의 학습 자료는 신중하게 선택해야 합니다.

예를 들어 '파닉스'라는 교육 방법은 말은 할 줄 알면서도 글씨는 쓸 줄 모르는 문맹의 미국인들을 가르치기 위한 것으로서, 짧고 쉬운 단어는 학습이 가능하지만 어려운 단어는 이 방법으로 학습하기 어렵습니다.

셋째, 영어 교육은 문장 중심의 학습법이어야 합니다.

영어를 말하기 위해서는 단어를 우선적으로 알고 있어야 하지만 단어나 숙어를 아무리 많이 외우고 있어도 영어를 실제로 활용할 때는 어려움을 겪습니다. 따라서 'apple'이니 'monkey'니 하는 단어를 학습시키는 것도 중요하지만 문장 속에서 이 단어들을 학습시키는 것이 더욱 중요합니다. 예를 들어 'I like apples.'라든가 'Monkeys live in the zoo.' 식으로 문장을 사용하는 습관을 키우는 것이 좋습니다. 집에서 아이와 영어로 얘기하는 기회를 가질 때, 짧더라도 문장으로 얘기하도록 합니다.

넷째, 영어의 쓰기 공부는 컴퓨터를 활용합니다.

그림이 거의 전부이고 영어는 한두 문장 들어 있는 영어책을 구입해서 아이와 함께 읽습니다. 계속 반복하여 완전히 외우게 되면 컴퓨터에 쳐서 넣는 활동을 하게 합니다. 워드 프로세서가 그렇게 어렵지 않기 때문에 아이들은 곧 익숙해질 수 있습니다. 자기가 외운 문장을 컴퓨터에 치고, 다시 그것을 우리말로 옮기는 연습을 하면 아이에게 영어에 대한 흥미를 유발시켜 좋은 효과를 낼 수 있습니다.

이러한 방법 이외에도 여러 가지가 있겠으나 영어 교육은 얼마나 많은 시간을 투자하느냐에 따라서 그 효과가 결정됩니다. 우리처럼 외국어로서 배우는 영어는 일상 생활에서 거의 사용하지 않기 때문에 학교에서 한두 시간 배우고 학원에서 일주일에 대여섯 시간 배우는 것으로는 절대적으로 부족합니다. 짧고 간단하더라도 엄마와 영어로 얘기하는 기회를 많이 갖는 것이 필요합니다.

강한 아이 만들기

영어를 말하기 위해서는 문장을 사용하는 습관을 키우는 것이 좋습니다. 집에서 아이와 영어로 얘기하는 기회를 가질 때, 짧더라도 문장으로 얘기하도록 합니다.

21 컴퓨터 게임은
컴퓨터와 친해지는 과정이다

지금은 컴퓨터를 다루지 못하면 문맹으로 인식되는 때입니다. 그래서 부모들은 서둘러 컴퓨터를 장만하곤 합니다. 그런데 막상 컴퓨터를 사주었더니 아이가 게임에 몰두하느라고 공부는 뒷전입니다. 더군다나 신문이나 방송에서 보도하고 있는 청소년들의 음란물 이용 실태를 보면 남의 일 같지가 않습니다. 괜히 사주었다는 생각이 들다가도 요즘 시대에 집안에 컴퓨터 한 대 없다는 게 말이 안 됩니다.

이러한 갈등은 대부분의 부모들이 겪는 것입니다. 어쨌든 컴퓨터는 전화만큼 보급되었고, 특히 학생들에게는 컴퓨터가 필수적인 교육용품으로 자리잡고 있습니다.

컴퓨터 학습의 이점들이 많은데도 불구하고 부모님들이 걱정하는 것은 게임 때문입니다. 게임에 중독되어 몇 시간이고 컴퓨터에 매달려 있는 아이를 보면 보통 심각한 문제가 아니라는 생각이 드실 겁니다.

그러나 알고 보면 크게 문제가 안 될 수도 있습니다. 오히려 게임을 통해서 아이들이 발달시켜야 할 중요한 능력을 키울 수도 있습니다. 컴퓨터 게임이 문제라고 생각하는 부모님들 중에 실제로 컴퓨터 게임을 해보거나 게임에 대해서 잘 아는 사람은 별로 없습니다. 즉 모르기 때문에 문제라고 생각한다는 것입니다. 물론 게임 내용의 폭력성, 사회성 결여 등 문제가 되는 점도 있습니다.

따라서 게임이 가지고 있는 좋은 특성은 이용하되, 문제가 되는 점들을 피할 수 있도록 부모님들이 컴퓨터 게임에 대한 지식을 갖추고 아이들을 지도하는 것이 필요합니다.

아이들이 컴퓨터 게임을 선호하는 이유는 TV가 갖지 못하는 능동성과 상호 작용성 때문입니다. TV는 시청자가 수동적으로 받아들이기만 할 뿐, 직접 할 수 있는 매체가 아닙니다. 그러나 컴퓨터 게임은 놀이자가 직접 참여할 수 있습니다. 놀이자가 작동을 하면 거기에 따라 컴퓨터가 반응을 보이고 또 거기에 따라 놀이자가 반응하는 식으로 컴퓨터와 놀이자가 상호 작용을 할 수 있기 때문에 매료되는 것입니다. 거기다가 자동 점수 기록, 음향 효과, 찬스 작동의 임의성, 속도감 등이 가미되어 재미를 더해 줍니다.

특히 게임이 수준별로 되어 있어서 하나의 수준을 완성하면 더 높은 수준이 기다리고 있기 때문에 도전욕이 생겨 계속 하고 싶은 욕구를 갖게 해 아이들을 중독되게 만드는 것입니다.

이러한 동기부여는 학습자들에게 가장 중요한 부분이지만 컴퓨터 게임을 통해서 획득된 참여 동기가 학습에 전이되는지는 아직 확실히 밝혀지지 않고 있습니다. 그러나 이러한 게임이 가지고 있는 특성들이 아이들을 컴퓨터 앞에 앉도록 하기 때문에 컴퓨터에 흥미를 갖고 컴퓨터와 친해지기 위해서는 게임으로 컴퓨터 학습을 시작할 수밖에 없습니다.

또한 컴퓨터 게임을 통해서 키울 수 있는 능력이 있는데, 우선 '눈과 손의 협응(eye-hand coordination)'을 들 수 있습니다. 게임이라는 것이 눈의 빠른 움직임과 그에 따른 손의 빠른 움직임이 요구되는 것이기 때문에 컴퓨터 게임을 하면 이 능력이 굉장히 발달합니다. 부모님들은 이러한 능력이 별로 소용없는 것이라고 생각하실지 모르지만 일상 생활에서나 직업 세계에서도 필요한 능력일 뿐만 아니라, 어린아이들에게는 이 능력이 인지 발달 첫 단계의 바탕이 되는 것입니다. 그러나 초등학교 고학년이 되어서도 눈과 손의 협응 능력만을 요구하는 초보적 수준의 게임을 하는 것은 바람직하지 않습니다.

컴퓨터 게임이 가지고 있는 또 다른 좋은 점은 공간 지각력, 추리 능력, 그리고 '병렬 처리 능력'을 키워 준다는 것입니다. 컴퓨터는 책 같은 인쇄 매체보다 시각적 역동성을 가지고 있기 때문에 공간 지각력을 기르기 쉽습니다. 또한 장기나 체스 같은 판 게임이 게임의 규칙을 미리 알 수 있는데 반하여 컴퓨터 게임은 게임을 해보면서 규칙을 추리해 내야 하기 때문에 추리 능력이 요구됩니다. 또한 게임을 하는 동안에도 그 다음 상황을 예측하면서 추리를 해야 합니다.

병렬 처리 능력이란 여러 가지 요소를 동시에 고려하면서 처리하는 것을 말합니다. 게임을 잘하기 위해서는 상대방의 위치, 힘의 정도, 나타나는 비율 등 여러 가지를 고려해야 합니다. 앞으로 세상이 복잡해지면서 이러한 병렬 처리 능력은 더욱 중요해질 것입니다.

그러나 컴퓨터 게임이 문제점을 가지고 있다는 것은 분명한 사실입니다. 대부분의 게임들은 폭력적인 내용이 많습니다. 디지털의 발달로 인해 폭력적인 게임 내용들도 거의 실제 상황처럼 되어 있기 때문에 섬뜩할 정도입니다. 사람을 죽이는 것이 너무도 쉽게 행해지기 때문에 인명 경시 풍조가 만연될 우려도 있습니다.

이러한 문제는 컴퓨터 게임뿐만 아니라 세상에 나와 있는 모든 매체가 그렇기 때문에 폭력적인 매체를 피하는 것은 불가능할지도 모릅니다. 그러나 폭력적인 게임에 관한 연구들을 보면, 그렇게 비관적이지만은 않습니다. 공격성이 높은 게임을 하면서 놀이자의 공격성이 해소된다는 결과가 보고되고 있는데, 이것을 '카타르시스 효과'라고 합니다. 또한 공격적인 내용이라도 둘이서 협동적으로 하는 것이라면 공격적인 마음이 완화된다는 보고도 있습니다. 이러한 점에 비추어볼 때, 친구 또는 부모와 함께 게임을 하는 습관을 들이는 것도 좋은 방법입니다.

22 컴퓨터를 엄마와의
의사소통의 도구로

컴퓨터 게임을 구입하실 때는 반드시 엄마와 함께 사도록 합니다. 컴퓨터를 살 때면 기본적으로 하드에 깔아주는 게임들이 있습니다. 그런데 이 게임들은 앞서 언급한 눈과 손의 협응 능력만을 키우는 것이 대부분입니다. 컴퓨터를 교육적으로 활용하기 위해서는 지적인 능력을 키울 수 있는 게임을 찾아보셔야 합니다. 좋은 게임들이 많이 나와 있습니다. 전문점에 가서 직원의 도움을 받으시면 됩니다.

음란물이나 인터넷에 빠지는 것을 막기 위해서는 컴퓨터를 거실에 두는 방법도 좋습니다. 제 방에서 혼자 컴퓨터를 만지다 보면 호기심이 발동해 좋지 않은 것들을 볼 수가 있습니다. 부모의 감시 아래 컴퓨터를 하도록 합시다.

그리고 폭력적인 게임에 덜 빠지게 하는 방법으로 스피커를 달지 않는 방법도 있습니다. 컴퓨터 게임이 아이들에게 인기를 끄는 이유 중에 하나가 음향 효과입니다. 때릴 때마다 나오는 비명 소리, 움직일 때마다 나오는 경쾌한 음악 소리 등이 아이들을 매료시키는 것입니다. 우리 아이들이 어렸을 때, 친척집에 가면 컴퓨터 게임에 정신없이 열중하는데 집에서는 별로 하지 않았습니다. 집에는 스피커가 없어서 게임을 할 때 거의 소리가 들리지 않기 때문에 흥미를 갖지 못했던 것 같습니다.

컴퓨터의 단점으로 꼽고 있는 또 하나의 문제는 사회성 결여입니다.

인간은 사회적 동물이기 때문에 사람들끼리 부딪치면서 관계 형성을 해나가야 합니다. 그러면서 타인의 생각도 고려하고 자신의 감정도 조절하며 인간성을 키워가는 것입니다. 그러나 기계는 감정이 없기 때문에 기계와의 의사 소통은 인간을 건조하고 메마르게 합니다. 특히나 온라인상에서 상호작용이 되는 것이기 때문에 현실에서 타인과 관계 형성을 할 필요성을 느끼지 않게 합니다. 인간과의 관계보다 기계와의 관계가 훨씬 편하기 때문에 기계에 빠지기 쉬운 것입니다. 따라서 이러한 점을 부모님들이 잘 인식해서서 게임을 할 때는 아이와 함께 한다든가 또는 친구들과 자주 놀게 하여 또래와 관계 형성을 할 수 있는 기회를 많이 제공해 주어야 합니다.

이제 컴퓨터는 생활의 일부가 되었기 때문에 컴퓨터에 대한 부정적인 생각보다는 긍정적인 면들을 인식하여 효율적인 활용법에 대해 연구하는 것이 중요합니다. 연구 결과를 보면, 컴퓨터 게임이 TV보다 훨씬 덜 습관적이라고 합니다.

마지막으로 다시 한 번 강조하고 싶은 것은 컴퓨터를 잘 알게 되면 부정적인 영향은 아주 미미해지고 엄청난 효과를 볼 수 있다는 것입니다.

23 아이가 피아노를 싫증내면 집안에서 연주회를 열어본다

유아기의 예능 교육은 기술이나 기능을 습득하기 위한 교육이라기보다는 아이의 마음을 표현하는 수단입니다. 그렇기 때문에 유아기의 예능 교육은 예술 교육이어야 합니다. 말로 자신을 표현하는 것이 서투른 아이들은 피아노를 치면서 또는 그림을 그리면서 자신의 마음을 드러낼 수 있게 되고 행복해 하는 것입니다.

그러나 요즈음 엄마들은 아이에게 예능 교육을 시킬 때 어떤 목적을 가지고 시키는 경우가 많습니다. 예를 들어 가족들 앞에서 피아노를 치는 아이의 모습을 보고 싶다든가, 아니면 학교에 들어가면 치르게 될 음악 실기 시험에 대비하기 위해서라든가 하는 목적 말입니다.

엄마가 이런 목적을 가지고 있으면 아이의 흥미 여부와는 관계없이 강요를 하게 된다는 데 문제가 있습니다. 엄마의 강요에 의해서 피아노를 치는 아이는 결코 행복할 수가 없습니다.

아이에게 피아노 교육을 시킬 때 부모들이 알아두어야 할 것들이 있습니다.

우선 시작하는 시기에 대해서는, 피아노와 바이올린같이 테크닉이 요구되는 악기 교육은 빠를수록 좋습니다. 보통 5세 정도가 적당합니다. 단지 학교에 들어가서 음악 실기 점수가 걱정되어 시키는 것이라면 문자 해독 능력이 갖추어진 후에 시작하여 이론과 실기를 병행하는 것이 좋습니다. 또한 시작 시기를 엄마 혼자 결정하는 것보다는 아이가 원할 때 시작하는 것이 효과적입니다.

그렇다고 피아노를 배우고 싶다는 아이의 말 한마디에 곧바로 시작하지 말고 처음에는 종이 건반으로 놀이를 하는 것처럼 시작하십시오. 종이 건반은 초보자를 위한 유아용 피아노책 뒤에 있는 것을 이용하면 됩니다. 검은 건반의 수를 알게 한다든가 손가락 누르는 흉내를 내본다든가 하는 겁니다. 또는 멜로디온을 구할 수 있으면 멜로디온으로 소리를 내보게 합니다. 이러는 동안 아이는 피아노를 치고 싶은 욕구가 커지게 되고 이때 피아노 교육을 시키면 빨리 싫증내는 것을 막을 수 있습니다.

다음은 평소에 아이에게 음악적 소양을 갖도록 하는 방법입니다. 엄마들이 아이에게 음악에 대한 감수성을 길러주겠다는 생각으로 하루 종일 클래식을 틀어놓는 경우가 있는데 이런 경우 오히려 음악에 대한 감수성이 둔화될 수 있습니다. 계속 음악 소리가 들리면 아무리 좋은 음악이라도 아이에게는 그것이 음악으로 들리지 않고, 단지 항상 들리는 소리로 생각한다는 것입니다. 그러므로 음악 감상은 다양한 장르의 곡을 가끔씩 들려주는 것이 좋습니다.

또한 음악의 기본 능력인 리듬감을 길러 주기 위해서는 동요를 들으면서 몸을 움직이게 하거나 탬버린 혹은 짝짝이로 리듬감을 익히게 하는 것이 좋습니다. 요사이 유행하는 랩처럼 너무 빠른 음악은 리듬감을 익히는 데 도움이 되지 않습니다.

다음은 피아노 학원을 보내고 나서 엄마들이 알아두어야 할 사항입니다.

학원에서 어디서 어디까지 몇 번 쳐오라는 숙제를 내주는데, 이 숙제를 지도할 때도 아이의 연령에 따라 다르게 해야 합니다. 유아기의 아이들은 주의집중 시간이 짧기 때문에 숙제를 한꺼번에 다하는 것이 어려울 수가 있기 때문입니다. 연습 시간을 10~20분 정도로 해야지 그 이상의 시간을 강요하면 피아노 치는 것을 지겹게 생각할 수도 있습니다. 그러므로 숙제를 두 번에 나누어서 시키는 것도 바람직한 방법입니다.

아이가 피아노 학원에 다니게 되었을 때 엄마들이 가장 많이 걱정하는 것이 아이가 싫증을 내는 것입니다. 어깨가 축 쳐져서 피아노 가방을 들고 집을 나서는 아이는 정말로 피아노 치기가 싫은데 엄마 때문에 또는 선생님 때문에 어쩔 수 없이 학원에 가는 것입니다. 이때 아이가 겪는 심리적 고통은 무척 큽니다. 어른들도 하기 싫은 것을 해야 할 때 무척이나 고통스러운데 하물며 아이들도 똑 같은 생각을 갖게 됩니다. 이때 문제가 될 수 있는 것은 싫은 일을 강요하는 사람까지 싫어지게 된다는 것입니다. 이렇게 엄마와 아이와의 관계까지도 악화될 수 있기 때문에 피아노 교육을 시킬 때는 여러 가지를 신경써야 합니다.

피아노 치는 것에 대해서 아이가 어떠한 마음을 가지고 있나 알아보기 위한 좋은 방법이 있습니다. 우선 그림을 한 장 그립니다. 엄마가 그림 그리는 솜씨가 있으면 직접 그리시고 그렇지 않다면 미술 학원 선생님한테 부탁해 보십시오. 그림의 내용은 피아노 앞에 앉아 물끄러미 건반을 쳐다보면서 생각에 잠겨 있는 아이의 모습입니다.

그림은 연필로 그리고 그림 속의 아이는 자신의 아이가 남자아이일 경우는 남자아이로 여자아이일 경우는 여자아이로 그리되 비슷한 또래로 그리면 됩니다. 이 그림을 아이에게 보여주면서 이 아이가 무슨 생각을 하고 있나 이야기로 꾸며 보라고 해보십시오. 그러면 평소에 아이가 피아노 치는 것에 대해 가지고 있던 생각이 그대로 드러나게 됩니다.

"피아노를 잘 치게 되면 얼마나 좋을까" 라든가, 또는 자기가 피아니스트가 됐을 때의 모습을 상상하고 있다든가 하는 긍정적인 얘기가 나올 수도 있습니다. 하지만 "어떻게 하면 오늘 학원을 빠질 수 있을까" 또는 "이 지겨운 피아노 없어졌으면 좋겠다" 는 등 아이가 평소 피아노에 가지고 있었던 부정적인 생각이 나올 수도 있습니다. 아이가 꾸민 이야기를 통해 아이의 마음을 읽을 수 있습니다.

또, 피아노 치는 것에 싫증을 내지 않도록 하는 방법으로 집안에서 정기적으로 연주회를 가져 보십시오. 일주일에 한번쯤, 이때는 식구들 모두 소파에 비스듬히 앉아서 듣지 말고 식탁의자나 책상의자 등을 이용해 나란히 앉아 들으십시오. 탁자도 치우고 아이의 옷도 갈아입히고 해서 되도록이면 연주회 기분이 나도록 하십시오.

이때 진도에 연연해 하지 말고 지난주와 같은 곡을 연주하더라도 또는 중간에 실수를 하더라도 연주가 끝난 후에 충분히 칭찬해 주시고 격려해 주십시오.

언젠가 유명한 피아니스트인 교수님한테 여쭈어 보았습니다. 이렇게 모든 아이들이 어릴 때부터 피아노를 배우는데 이러다가 우리 국민 모두가 피아니스트가 되는 게 아니냐구요. 그랬더니 교수님께서는 아무리 많은 아이들이 일찍 피아노 교육을 받더라도 피아니스트가 되는 숫자는 항상 비슷하다고 하셨습니다. 이 얘기는 전문가가 될 정도의 재능과 끈기가 있는 아이는 그렇게 많지 않다는 의미가 아닐까요?

아이들은 행복할 권리가 있습니다. 지나친 강요를 하고 있지는 않은 지 어머니 스스로 한번 생각해 보는 것도 좋을 것 같습니다.

24 그림일기는
창의력을 키우는 좋은 수단

그림일기를 매일 쓰는 것은 아이에게 귀찮고도 힘든 일입니다. 매일 똑같은 일들이 반복되는데 무엇을 써야 하고 무엇을 그려야 할지 답답할 뿐입니다.

이렇게 아이들이 일기 쓰기를 힘들어 하는 것은 일기에 대한 개념을 잘못 알고 있기 때문입니다. 일기는 그날 일어난 일들을 나열하여 쓰는 것이 아니라 느낌을 적는 것입니다. 항상 하는 일이라도 느낌이나 생각이 다를 수 있기 때문에 같은 소재를 가지고 여러 가지로 다르게 쓸 수가 있습니다. 그러므로 느낌을 글로 표현하는 능력이 부족한 것도 아이들이 일기 쓰기를 어려워하는 원인이 됩니다.

일기는 우리의 생활을 되짚어 보게 함으로써 사고하는 능력이나 관찰 능력, 그리고 표현 능력을 길러 주는 좋은 수단입니다. 또한 느낌을 그림으로 표현하면서 창의력을 키울 수도 있습니다. 이 같은 그림일기의 좋은 점을 감안해 볼 때, 그림일기를 쓰는 습관을 길러 주는 것은 아주 중요합니다. 여기에서 엄마들이 꼭 유념하셔야 할 점은 그림일기를 지도하는 데 있어서 무엇보다도 중요한 것은 아이의 흥미를 유발시켜야 한다는 것입니다. 흥미가 없는 곳에선 어떤 교육도 이루어지지 않습니다.

그림일기 지도의 구체적인 방법을 알려드리겠습니다.

첫째, 아이가 그림일기 쓰는 것을 지겨워하면 강요하지 말고 형식을 바꿔 흥미를 유도합니다.

그림일기에 대한 엄마들의 고정관념을 버리셔야 합니다. 그러기 위해서는 시중에 나와 있는 그림일기 공책보다는 아무 줄도 쳐 있지 않은 공책이 좋습니다. 때에 따라서는 그림을 더 크게 그리고 싶을 때도 있고, 글을 더 많이 쓰고 싶을 때도 있기 때문에 그림과 글의 구분이 정해져 있지 않은 공책이 좋습니다.

그림을 그릴 때도 크레파스만을 고집할 것이 아니라 매직펜이나 사인펜을 사용하게 한다거나 밑그림을 그리고 그 위에 여러 가지 잡지의 그림을 오려 붙이는 꼴라쥬 방식, 또는 먹물, 잉크, 물감 등 재료에 변화를 주면 아이들의 흥미를 끌 수 있습니다. 또한 밑글을 쓰는 형식도 일기체로만 쓰게 할 것이 아니라 동시나 편지글 등으로 형식에 제한을 두지 않습니다.

둘째, 아이에게는 느낌을 글로 표현하는 것이 어렵습니다. 그러므로 엄마가 말로써 느낌을 정리해 주는 것이 필요합니다.

오늘 하루를 머릿속에 그려보게 하면서 "아침에 무슨 일을 했니?" "기분이 어땠는데?" "어떻게 하면 좋은 기분을 가질 수 있을까?" 등의 질문을 하면서 일기 쓸 소재를 찾아내게 합니다.

예를 들어 놀이터에서 놀았다는 얘기를 쓸 때 대부분의 아이들은 재미있게 놀았다는 느낌 외에는 쓰지 못합니다. 이럴 경우에 엄마가 "시소에 앉았을 때 차갑지 않았니?" "왜 차가울까? 차갑지 않으려면 어떻게 하면 좋을까?" 하면서 쇠와 나무의 재질을 비교한다든가, 다른 아파트의 시소와 비교하게 한다든가, 또는 시소의 색을 말해본다든가 해서 소재를 놀이터보다는 시소로 잡게 하는 것입니다. 즉 커다란 소재보다 조그마한 소재에서 풍부한 느낌을 유발시킬 수 있기 때문에 되도록 작은 것을 소재로 잡아 일기를 쓰게 하는 것이 좋고, 이렇게 함으로써 관찰력과 창의력을 길러 줄 수 있는 것입니다.

셋째, 일기 쓰기의 목적은 맞춤법 공부가 아닙니다.

엄마기 아이의 일기 지도를 할 때 보면 손에 지우개를 들고 있습니다. 아이가 한 글자 한 글자 쓸 때마다 맞춤법을 교정하기 위해서입니다. 이것은 바람직하지 않습니다. 글을 쓰는 것은 머릿속의 느낌을 적는 것이기 때문에 느낌의 흐름이 중요합니다. 생각나는 대로 자연스럽게 써나가는데 엄마가 옆에서 자꾸 맞춤법 지적을 하면 흐름이 끊겨서 다음에 쓸 내용이 생각나지 않습니다.

어린아이들은 두 가지 것을 동시에 처리하기가 어렵습니다. 처리 용량이 어른보다 작기 때문에 맞춤법과 글의 내용을 동시에 생각하기가 어렵습니다. 일기를 쓰는 목적은 우선 표현 능력을 기르는 것이기 때문에 맞춤법은 부차적인 것입니다. 그러므로 맞춤법 교정은 일기 쓰기가 다 끝났을 때 하는 것이 좋습니다.

또한 너무 많이 교정해 주면 아이가 자신감과 일기 쓰기에 흥미를 잃을 수도 있기 때문에 조금은 자제해 주시는 게 좋겠습니다. 학교에 일기를 제출하면 선생님이 맞춤법 교정을 너무 많이 해서 일기가 온통 빨간색이 되는 경우가 있는데 이것도 아이의 상상력을 억제시키는 요인이 됩니다.

강한 아이 만들기

그림일기 공책은 아무 줄도 쳐 있지 않은 공책이 좋습니다. 그림을 더 크게 그리고 싶을 때도 있고, 글을 더 많이 쓰고 싶을 때도 있기 때문에 그림과 글의 구분이 정해져 있지 않은 공책이 좋습니다.

25 독서는 다양한 장르의
책을 읽히도록 한다

아이건 어른이건 책을 많이 읽어야 한다는 것은 누구나 다 아는 사실입니다. 아이들은 책을 통해서 세상에 대한 간접 경험을 할 수 있고 지적 호기심을 충족시킬 수 있습니다. 삶의 지혜는 경험을 통해서 얻게 되고, 지적인 발달은 지적 호기심에서 시작된다고 볼 때, 아이들의 독서가 얼마나 중요한 것인지를 알 수 있습니다.

우선 책을 선택하는 방법입니다.

책 판매원의 성화에 못 이겨 5~10년 동안 볼 수 있는 책을 미리 사두는 것은 좋지 않습니다. 아이가 처음에는 소유감 때문에 즐거워하지만 무엇을 읽어야 할지 혼란스러워할 수 있고, 또 다른 책을 읽고 싶은 욕구 때문에 한 권도 제대로 읽지 않고 대충대충 보게 될 수도 있습니다. 아이들은 사고방식이 고정되어 있지 않기 때문에 볼 때마다 새로운 것을 발견하게 됩니다. 그러므로 이미 줄거리를 알고 있는 책이라도 여러 번 보게 하는 것이 좋습니다. 그런데 여러 권의 책을 동시에 구입하면 이것이 어렵게 됩니다. 그러므로 책을 구입할 때는 낱권으로 사고, 살 때에도 아이와 같이 서점에 가서 여러 가지 책도 구경하고 새 책을 가진 데 대한 즐거움을 자주 누리도록 하는 것이 좋습니다.

책을 선정할 때는 학교 지정 도서나 신문, 잡지에서 추천하는 책이 좋습니다. 신문이나 잡지에서 추천하는 책이 있으면 꼭 메모를 해놓았다가 책을 구입할 때 참고합니다.

다음으로 중요한 점은 책을 골고루 읽혀야 한다는 것입니다. 우리 부모들은 아이들에게 주로 동화책 등 이야기책만 사주는 경향이 있는데, 이것이 정서 함양에는 도움이 될지 몰라도 지적 호기심을 자극하고 채워주는 데는 도움이 되지 않습니다.

아이의 상상력은 동화 속에서만 개발되는 것이 아닙니다. 미지의 세계, 자연의 신비한 현상, 아주 오랜 옛날의 사건에서도 아이들의 무한한 상상력을 키울 수 있습니다. 예를 들어 공룡은 무엇을 먹었고 왜 멸종됐을까, 외계인은 있을까, 옛날 선조들은 어떻게 살았을까, 등 우리가 잘 모르는 것들을 책 속에서 접해 보는 것입니다. 아이 수준에 맞게 쉽게 쓰여진 과학 서적들을 동화책과 함께 읽히는 것이 좋습니다.

다음은 만화 문제입니다.

요즈음 학습 만화가 상당히 많이 나와 있는데 이러한 것을 읽혀야 되는지 판단이 잘 서지 않습니다. 만화에는 장단점이 있습니다. 요즘 아이들은 깊은 사고와 끈기가 결여되어 있고, 생각보다는 눈으로 보는 것을 좋아하는 비디오 세대, 즉 영상 세대들입니다. 이러한 아이들의 특성에 만화가 잘 맞습니다. 어렵고 딱딱해서 멀리하게 되는 내용을 만화로 엮어 줌으로써 흥미를 유발시킨다는 점이 만화의 좋은 기능입니다.

그러나 만화를 통한 학습은 깊이 있는 이해 차원에서 보면 그다지 바람직하지 못합니다. 만화는 전체 내용을 요약한 것인데, 이 요약된 것만 본다는 것은 결국 단편적 지식을 암기하는 것과 같은 것입니다. 추리하고 생각을 키워 가는 노력을 방해하는 장애물이 될 수도 있다는 것입니다. 그러나 만화 도서에 길들여지면 일반 책을 읽는 데 문제가 나타나지 않을까 우려해서 만화 도서를 절대로 보지 못하게 하는 부모님이 있는데 이것은 잘못된 생각입니다. 요즘엔 만화 도서라도 좋은 책들이 많이 나와 있습니다. 어머니께서 잘만 선정해 주신다면 어느 정도는 읽혀도 좋다고 생각합니다.

아이의 독서 지도에서 가장 중요한 것은 엄마가 욕심을 부려서는 안 된다는 것입니다. 내 아이는 남보다 머리가 좋고, 또 좋아야 한다는 생각에서 어려운 책을 사주는 것은 오히려 아이에게 독서에 대한 염증을 조장할 우려가 있습니다. 어려운 책이 반드시 좋은 책은 아닙니다. 처음에는 현재 아이의 수준에 맞는 것 중에서 재미있는 것을 골라 읽히다가 독서에 흥미를 갖게 되면 점차 수준을 높여 가야 합니다.

26 독서 후에는
독후감 쓰는 습관을

독후감 숙제가 없더라도 책을 읽고 나서는 무언가를 기록해 놓는 습관이 필요합니다. 이를 위해서는 항상 펜을 들고 책을 읽는 습관을 들여 놓아야 합니다. 책을 읽어 나가면서 모르는 단어나 좋은 표현 등이 나오면 밑줄을 긋게 합니다.

교과서나 참고서에만 줄을 긋는 것은 아닙니다. 다 읽고 나서 독후감을 쓰는 게 부담이 된다면 줄친 부분을 기록해 놓는 것으로 대신해도 됩니다. 이 습관은 어른이 되어서도 좋은 습관이니까 꼭 실천하도록 하십시오.

또한 독후감을 쓰기 전에 부모가 같이 읽어서 책 내용에 대해 이야기를 나누는 것도 좋습니다. "주인공이 어떻게 됐으면 좋겠니?" "왜 그렇게 생각하니?" 등의 얘기를 나누는데, 이때 어른의 사고방식을 강요한다든가 교훈을 찾아내도록 요구하는 것은 바람직하지 않습니다.

아이의 얘기를 충분히 경청해 주는 것이 중요합니다.

그리고 독후감의 정해진 형식에서 탈피해 보는 것도 좋습니다. 독후감의 형식은 우선 읽게 된 동기와 줄거리를 쓰고 감상을 쓰게 되어 있는데 이러한 틀에서 벗어나 아이가 흥미를 느끼거나 기억에 남는 부분을 자유롭게 쓰도록 하는 것입니다. 표현 방식도 주인공에게 편지 쓰기, 그림으로 표현하기 등 다양한 방법을 사용해 보도록 합니다.

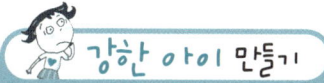
강한 아이 만들기

책을 읽어 나가면서 모르는 단어나 좋은 표현 등이 나오면 밑줄을 긋게 합니다. 교과서나 참고서에만 줄을 긋는 것은 아닙니다. 다 읽고 나서 독후감을 쓰는 게 부담이 된다면 줄친 부분을 기록해 놓는 것으로 대신해도 됩니다.

27 IQ로 개인의 모든 능력을 측정할 수는 없다

IQ라는 말은 프랑스의 심리학자 비네가 처음 사용한 용어입니다. 비네는 최초로 지능 검사를 만든 사람이기도 합니다. 비네가 지능 검사를 만든 동기는 프랑스 정부의 요청으로 지체아를 가려내기 위해서였습니다.

프랑스 정부는 취학 연령이 되어 학교에 입학한 아이들 중에 정규 교육 과정을 따라가기가 어려운 아이들이 있다는 것을 발견하고는, 이들을 미리 골라내어 따로 집중 훈련을 시켜 능력을 향상시킨 후에 정상아들과 함께 교육시키겠다는 의도를 가지고 비네에게 지체아를 가려낼 수 있는 검사를 제작해달라고 부탁한 것입니다. 이때 제작된 것이 아동용 지능 검사로서 지능 검사의 효시입니다.

비네의 지능 검사에서 IQ를 산출하는 방법은 (정신 연령/생활 연령)×100으로서 정신 연령을 실제 나이로 나누어 100을 곱한 것입니다.

즉 이 검사에서 측정하려고 한 것은 아이의 정신 연령입니다. 예를 들어 정신 연령과 생활 연령이 같은 아이는 IQ가 100이 나오는 것입니다.

비네의 지능 검사는 인간의 지적인 능력을 수치로 나타냈다는 점에서 수많은 사람들을 상당히 고무시켰습니다. 그래서 너도나도 지능 검사를 만드는 데 열중하게 되었습니다. 특히 미국 사회에서 지능 검사가 상당히 각광을 받았는데, 그 이유는 세계대전 당시, 군인들을 징집하여 전선에 배치할 때 이 지능 검사가 큰 도움이 됐기 때문이었습니다.

문맹이 많은 나라에서 군인들의 지적 능력을 측정하는 것은 아주 중요한 일입니다. 군인들 개개인의 능력을 파악하여 그에 따라 배치를 해야 하기 때문입니다. 수많은 군인들을 대상으로 종이와 펜 하나만으로 일시에 그들의 능력을 측정할 수 있었기 때문에 지능 검사는 실용적인 면에서도 나무랄 데가 없었습니다.

또한 미국 사회에서 지능 검사를 선호하게 된 것은 그들이 주장하는 논리에 당위성을 제공했기 때문입니다. 지금도 마찬가지지만 미국이라는 나라에서 가장 큰 문제는 인종간의 갈등 문제입니다. 아직도 갈등의 골이 좁혀지지 않는 이유는 백인과 흑인의 사회 경제적인 지위에 너무 차이가 나기 때문입니다. 자유와 평등을 기치로 삼는 미국에서 이러한 차이가 지속된다는 것은 평등 사상에 위배되는 일입니다. 그런데 백인과 흑인에게 지능 검사를 실시해 보니 점수의 차가 무려 15점 정도가 나온 것입니다.

이 같은 결과에 근거해, 흑인이 못사는 이유가 불평등한 미국 사회 때문이 아니라 그들의 머리가 나빠서이기 때문에 경쟁 사회에서 나타나는 당연한 귀결이라고 보게 되었습니다. 이후 많은 학자들에 의해서 이러한 흑백간의 점수차는 문화의 차이 때문이라는 사실이 밝혀지기는 했지만 미국 사회에서 지능 검사를 신봉하게 된 하나의 이유가 되었습니다.

지능 검사의 문제점으로 꼽을 수 있는 것으로서 문화의 차이를 들수 있습니다. 예를 들어 백인들이 그들의 문화에 근거해서 만든 지능 검사에서, 백인과 다른 문화를 가진 흑인들이 낮은 점수를 받는 것은 당연한 일입니다. 만일 산골에서만 살아온 아이에게 지하철의 기능에 대한 문제를 냈다면 맞추지 못하는 것은 당연한 일일 것입니다. 그래서 현재의 지능 검사는 문화적 특성이 배제되는 방향으로 나아가고 있습니다.

그러나 무엇보다도 지능 검사의 원론적인 문제점은 과연 지능 검사가 그 사람의 지능 전부를 측정했느냐 하는 점입니다. 앞서도 언급했듯이 인간의 지능은 너무도 복잡해서 아직까지 명확한 정의도 내리지 못한 시점에서, 한 사람의 총체적인 지능을 잰다는 게 얼마나 어려운 일인가 하는 것을 짐작할 수 있습니다. 그런데도 분명히 우리는 자신의 지능 지수, IQ를 알고 있습니다. 내가 알고 있는 이 IQ는 무엇을 의미할까요? 두 자리니 세 자리니 하는 이 수치가 말해 주는 것은 무엇일까요?

IQ가 사회적 성공을 예측할 수 있는 정도는 20%에 불과합니다. 지능이 높으면 사회에 나가서도 성공해야 하는데 IQ 높은 사람의 20% 정도만이 성공하는 걸 보면 분명 IQ는 한 개인의 능력을 전부 측정한 것이 아닌 게 확실합니다. 이러한 현상은 IQ가 한 개인의 일부분의 능력만을 측정하고 있다는 걸 말해 주는 것입니다.

강한 아이 만들기

지능 검사의 원론적인 문제점은 과연 지능 검사가 그 사람의 지능 전부를 측정했느냐 하는 점입니다. 인간의 지능은 너무도 복잡해서 아직까지 명확한 정의도 내리지 못한 시점에서, 한 사람의 총체적인 지능을 잰다는 게 얼마나 어려운 일인가 하는 것을 짐작할 수 있습니다.

28 IQ가 낮다고 전반적인 지적 능력이 떨어지는 것은 아니다

IQ는 개인의 능력 중 어떤 부분을 측정한 것일까요? IQ와 가장 높은 상관관계를 보이는 것이 학교 성적입니다. IQ와 학교 성적과의 상관은 0.5 정도입니다(가장 높은 상관은 1이고, 가장 낮은 상관은 0.1입니다).

IQ가 높은 아이들은 대체로 학교 성적이 좋습니다. 즉 IQ는 학교에서 요구하는 능력과 같은 능력을 측정하고 있다는 것입니다. 학교에서 중요시하는 능력은 우선적으로 언어적인 능력과 논리 수학적인 능력입니다. 그러나 세상을 살아가는 데는 이 두 가지 능력 이외에도 또 다른 능력들이 필요합니다. 그런데 IQ는 이러한 여러 가지 능력을 모두 측정하지 못하는 것입니다.

인간이 가지고 있는 능력 중 어떤 능력이 우수한 능력이고 어떤 능력이 열등한 능력일까요? 지능 검사가 재고 있는 능력, 즉 학교에서 요구하는 능력만이 우수한 능력일까요?

인간의 뇌는 왼쪽 뇌와 오른쪽 뇌로 나뉘어졌습니다. 그런데 이 두 뇌는 서로 다른 기능을 합니다. 왼쪽 뇌에는 언어 중추가 들어 있으며 논리 수학적인 능력을 담당합니다. 따라서 왼쪽 뇌에는 중요한 언어 중추가 들어 있기 때문에 왼쪽 뇌를 주반구라고 합니다. 반면에 오른쪽 뇌는 감성, 직관, 공간 능력 등을 담당합니다. 이 오른쪽 뇌는 상대적으로 덜 중요하다고 생각하여 부반구라고 하였습니다.

그런데 지금까지의 생각과 다른 견해들이 심리학자나 교육학자들에 의해서 제기되기 시작했는데, 그것은 왼쪽 뇌에서 담당하는 논리 수학적 지식, 즉 학교나 지능 검사가 재고 있는 능력 못지 않게 오른쪽 뇌에서 담당하는 직관력, 감성 능력 등이 중요하다는 것입니다. "나무를 보면서 숲을 보지 못한다"라는 말이 있는데, 이 말이 바로 논리 수학적인 능력은 있으나 직관적 통합 능력이 부족한 경우를 나타내는 말입니다.

21세기 정보화 사회에서 가장 중요하게 요구되는 능력은 창의력입니다. 이제는 이 세상에 나와 있는 수많은 지식을 머리에 얼마나 담고 있느냐보다는 기존의 지식을 응용해서 새로운 지식을 만들어낼 수 있는 능력, 즉 창의력이 훨씬 중요한 시대입니다. 기존의 지식들을 저장하고자 할 때, 굳이 우리 뇌 속에 저장할 필요가 없습니다. 컴퓨터에 저장해 놓고 필요할 때 꺼내 쓰면 되는 것입니다. 그 엄청난 양의 백과사전도 몇 장의 CD롬으로 저장이 가능합니다.

그러므로 암기력 같은 것은 이제 별로 중요한 능력이 아닌 것입니다. 잘 외우는 아이들이 시험을 잘 보는 시대는 곧 사라질 것이고 창의적인 통합 능력이 발달한 아이들이 시험 성적도 좋은 시대가 올 것입니다. 바로 현재의 수능시험이 이러한 방향으로 나아가고 있습니다. 이렇게 중요한 창의력을 담당하는 곳이 바로 오른쪽 뇌입니다. 지금까지 왼쪽 뇌에 비해서 덜 중요하다고 생각했던 오른쪽 뇌의 중요성이 대두되면서 '우뇌 개발 프로그램'이나 양쪽 뇌를 균등하게 발달시키려는 교육 방법이 활발하게 연구되고 있습니다.

우리는 여기에서 한 가지 가정을 할 수 있습니다. 현재 우리 아이는 왼쪽 뇌는 덜 발달하고 오른쪽 뇌가 더 발달해 있는데, 불행히도 지능 검사는 왼쪽 뇌의 능력만을 측정했기 때문에 IQ가 낮게 나온 것이고, 또한 우리 아이는 오른쪽 뇌가 발달해 있기 때문에 감성 능력이 높을 것이라는 가정입니다. 이 감성 능력이 바로 EQ를 말하는 것으로서 IQ보다 더 크게 사회적인 성공을 예측한다고 알려져 있습니다. 따라서 우리 아이의 IQ 수치에 대해 부정적으로만 생각할 일이 아니라는 것입니다.

지능에 대해 연구해 온 많은 심리학자들은 지능의 실체를 밝히고자 하면서 지능의 종류에 대해서도 한 가지, 두 가지, 일곱 가지, 심지어는 150가지라는 식으로 각기 다른 주장을 하고 있습니다.

그중에서도 1980년대에 들어서면서부터 가드너라는 심리학자가 제기한 주장이 요사이 상당히 설득력 있게 받아들여지고 있습니다. 가드

너에 의하면 인간의 지능은 독립적인 일곱 가지 지능으로 이루어졌다고 합니다. 이러한 가드너의 지능 이론을 다중 지능 또는 복합 지능, 영어로는 MI(multiple intelligence)라고 하는데, 이 안에는 언어적 지능, 논리 수학적 지능, 공간 지능, 음악적 지능, 신체 지능, 개인간의 지능, 개인내의 지능 등 일곱 가지 지능이 포함되어 있습니다.

지금까지의 지능 검사에서 다루어져 왔던 지능이 언어, 논리 수학, 공간 지능의 세 가지에 국한되었던 데 반해, MI에는 음악, 신체, 개인간, 개인내 지능 등 네 가지가 더 포함되어 있습니다. 노래를 들으면 곧바로 따라할 수 있을 정도로 음감이 발달되었다든가, 체육을 잘한다든가 하는 것도 하나의 독립된 지능이며 이러한 지능은 언어나 논리 수학적 지능 못지 않게 중요한 지능이라는 것입니다.

특히 개인간 지능과 개인내 지능은 대인 관계가 좋다든가 또는 자신의 감정을 잘 처리한다든가 하는 것으로서 EQ에 포함되어 있는 것과 유사한 지능입니다.

따라서 한 개인의 지능을 수치화할 때는 지금처럼 하나의 점수로 나타낼 것이 아니라 이 일곱 가지 지능들의 프로파일을 보여 주어야 한다는 것입니다. 그래서 개인이 자신의 IQ 점수를 받을 때는 이 일곱 가지 지능의 점수가 따로따로 기록되어야 합니다.

앞으로 가드너의 지능 이론이 실용화 단계에 이르게 되면 우리 아이들은 일곱 개로 된 IQ 점수를 받게 될 것입니다. 이렇게 되면 지금처럼 두 자리니 세 자리니 하는 말은 사라지게 되고 누구는 머리가 좋고 누구는 머리가 나쁘다는 말도 의미없는 말이 될 것입니다. 우리 아이는 공부는 못하지만 축구를 잘해서 신체 지능이 높다든가, 또는 공부는 못하지만 친구들과 잘 사귀는 개인간 지능이 높다든가 하여 모두다 나름대로 높은 지능의 영역을 가지고 있어, IQ 때문에 오는 열등감이나 걱정에서 벗어날 수가 있습니다.

아이들에게 지능 검사를 실시하는 이유는 보다 나은 학업 성취를 이루고자 하기 때문입니다. 지능 검사는 처음 만들 때의 목적처럼 지체아를 골라내기 위한 수단으로만 사용되어야 합니다. 또는 높은 지능의 영재아를 판별하기 위한 수단일 수도 있습니다. 그런데 이상하게도 정상적인 아이들에게 확실치도 않은 지능 검사를 실시해서 나는 두 자리 IQ, 우리 아이는 몇 점짜리 식으로 낙인 찍는 결과를 초래하게 되었습니다. 심지어는 유치원 때부터 지능 검사를 실시해서 좋지 않은 점수를 받게 될 경우, 나는 가망이 없는 아이, 우리 아이는 싹수가 노란 아이로 치부하여 학업에 정진하지 않고 스스로 포기해 버리는 예도 있습니다.

지금까지의 지능 검사가 아이들을 분류하고 낙인 찍는 역할만을 해 왔다는 자성의 목소리가 커지면서 대안적인 지능 검사의 개발에 박차를 가하고 있습니다. 특기할 만한 것은 잠재 지능을 재고자 하는 시도입니다. 지금까지의 지능 검사가 '무엇을 못하느냐'를 쟀다면 잠재 지능은 '무엇을 할 수 있느냐'를 재는 것입니다. 아이가 가지고 있는 잠재 능력을 측정해서, 가지고 있는 만큼은 다 드러낼 수 있게 하는 방법들을 모색해 보자는 것입니다.

참고로 IQ로써 지체아를 가려낼 때의 수치를 말씀드리면 70이하는 지체아에 해당되며 70~85 사이는 경계 지능, 즉 정상과 지체의 경계가 되는 수치입니다. 또한 지능 검사를 만들 때, 평균이 100이 되도록 한 것이기 때문에 90점대의 IQ가 상당히 많다는 것입니다.

IQ는 선천적인 요인도 있지만 후천적으로 변할 수 있는 것이기 때문에 너무 일찍 아이의 지능 지수를 알아보려고 하는 것은 좋지 않습니다. 학교 학습을 해나가기가 어렵다고 생각될 때, 또는 아주 영특해서 영재 교육을 받고 싶을 때에만 지능 검사를 이용하는 것이 좋습니다.

다시 한 번 강조하고 싶은 것은 IQ가 낮다는 것이 그 아이의 전반적인 지적 능력이 떨어진다는 것이 아니고, 여러 능력 중에서 학교에서 요구하는 능력인 언어나 논리 수학적인 능력 부분에서 뒤떨어져 있다는 것입니다. 그렇기 때문에 아이의 성장 가능성은 충분히 있다는 것을 인식하셔야 합니다.

29 어렵고 귀찮은 일을
먼저 하는 습관을 기르도록 한다

아마도 요 몇 년 사이 교육과 관련된 개념 중 가장 유행하고 있는 개념을 꼽으라고 한다면 EQ를 꼽을 수 있습니다. EQ 학습지, EQ 장난감을 비롯해서 EQ를 키울 수 있는 다양한 방법들이 전문가에 의해서 제시되고 있습니다. EQ(Emotional Quotient)란 정서 지능을 말합니다.

지금까지는 인지적 지능만이 중요하다고 생각해서 IQ에 대한 관심이 컸었는데, IQ의 문제점과 한계가 드러나면서 EQ라는 새로운 개념이 대두된 것입니다. 지능만 높아서는 사회에서의 성공이 보장되지 않는다는 연구들이 속속 발표되면서 지적인 능력 못지 않게 자신의 감정을 잘 다루는 능력의 필요성이 인식되기 시작한 것입니다.

평소 IQ의 문제점에 대해서 연구를 해오던 필자에게도 이러한 현상은 바람직하게 보였습니다. 그러나 아이와 관련된 모든 상품에 EQ라는 말이 붙어 있는 것을 보고서 뭔가 잘못되고 있다는 느낌을 지울 수가 없었습니다.

EQ란 자기 통제, 열정, 인내력, 자신에 대한 동기 부여, 원만한 대인 관계 등을 총칭하는 개념으로서 인격 지능이라고도 하며 학습이 가능한 것입니다. 학습이 가능하다고 해도 학습지를 통해서 가능한 것은 아닙니다. IQ가 어느 정도 선천적인 성격을 띤 것인데 반하여 EQ는 학습을 통해서 키워지고 길러질 수 있다는 것입니다. 아마도 EQ의 이런 성격 때문에 EQ의 상품화가 가속되는 것일지도 모릅니다. EQ는 어렸을 때부터 가정에서 길러져야 합니다.

EQ의 요소 중 충동을 통제하는 능력은 의지력과 품성의 기본이기 때문에 아이들에게 상당히 중요한 요소입니다. 어렸을 때의 충동 통제 능력 정도가 청소년 시기에 어떠한 영향을 미치는가를 알아보기 위한 유명한 실험이 있습니다. 이른바 '매쉬맬로우 테스트'라는 실험입니다. 이 실험은 1960년에 유치원 아동을 대상으로 시작하여 이 아이들이 고등학교를 졸업할 때까지 14년 동안 추적 조사한 종단적 연구입니다. 이 실험의 과정을 설명하면 다음과 같습니다.

실험자는 아이에게 매쉬맬로우 한 개를 주면서 이렇게 말합니다.

"내가 나갔다 올 때까지 먹지 않고 기다리면 갔다 와서 두 개를 줄 것이지만 그때까지 기다릴 수 없다면 그냥 이것 한 개를 먹어라. 참고 기다리면 이따가 두 개를 먹게 되고, 못 참으면 지금 한 개만 먹는 거란다."

일부 아이들은 실험자가 돌아올 때까지 길게 느껴졌을 15~20분을 용케 참아 내었습니다. 이 아이들은 이 갈등 상황을 이겨내기 위해 매쉬맬로우를 멀찌감치 두고 눈이 그쪽으로 가지 않도록 손으로 눈을 가리거나 두 팔로 머리를 감싸안기도 했습니다. 혼자서 하는 놀이를 하다가 심지어 잠을 청하기도 했습니다. 하지만 보다 충동적인 아이들은 실험자가 방을 떠난 지 몇 초가 되기도 전에 매쉬맬로우에 손을 뻗쳤습니다.

이 충동의 순간에 어떻게 대처했는가는 그후 14년이 지나서도 위력을 보였습니다. 매쉬맬로우에 곧바로 손을 뻗친 유치원생들과 그러한

희열을 일시 연기한 유치원생들간에 드러난 감정적, 사회적 능력 차이는 상상외로 컸습니다.

유혹을 잘 참아낸 유치원 아동이 청소년이 되었을 때를 보면, 인간관계가 뛰어나고 정확하게 자기 주장을 하며 인생의 좌절에 대처하는 능력도 뛰어났습니다. 또한 곤궁에 처했을 때도 차분히 조직적으로 행동하여 문제를 해결해 나갔습니다. 심지어 충동 통제 능력이 있는 아이와 그렇지 못한 아이들은 고교 졸업때 치르는 SAT(우리나라의 수능시험과 같은 것) 성적에서도 큰 차이를 보였는데 그 차이가 210점(800점 만점)에 달했다는 것입니다.

이러한 연구 결과는 충동 통제 능력이 인생을 살아가는 데 얼마나 중요한 것인가와, 이러한 만족을 지연시킬 수 있는 능력은 어릴 때부터 갖추고 있어야 할 필수적인 능력이라는 것을 말해주고 있습니다. 충동을 지연시킬 수 있는 능력은 다이어트에서부터 의사가 되기 위한 공부에 이르기까지 엄청난 노력을 요구하는 능력의 밑바탕이 되는 것입니다.

기쁨을 지연시킬 수 있는 능력, 즉 만족 지연의 능력은 아주 사소한 일에서부터 키울 수 있습니다. 우리 주위에는 만족 지연을 함으로써 보다 큰 보상을 받는 경우가 많습니다.

예를 들여 주차를 할 경우에 처음엔 귀찮더라도 나중에 나오기 쉽게 앞으로 대놓는다든가 하는 것도 만족 지연을 한 것입니다. 엄마들이 아이들에게 늘상 하는 "숙제하고 놀아라"라는 잔소리도 기쁨을 지연시키는 좋은 예입니다. 놀고 싶은 충동을 억제하고 숙제를 먼저 하면 나중에 훨씬 즐겁고 편안하게 놀 수 있습니다. 항상 어렵고 귀찮은 일을 먼저 하는 습관을 들여 놓는 것이 충동 억제를 잘하는 아이로 만들 수 있는 길입니다.

강한 아이 만들기

유혹을 잘 참아낸 유치원 아동이 청소년이 되었을 때를 보면, 인간 관계가 뛰어나고 정확하게 자기 주장을 하며 인생의 좌절에 대처하는 능력도 뛰어났습니다.

30 친구를 잘 사귀는 아이는 EQ가 높다

EQ의 요소 중 중요한 것이 '감정 이입 능력'입니다. 다른 사람의 입장을 먼저 생각하고, 다른 사람을 위해 배려하는 이타주의의 근간은 다른 사람들의 감정을 읽는 능력인 감정 이입에 바탕을 두고 있습니다. 성폭행범, 아동 학대, 가정 폭력 등을 저지르는 사람은 감정 이입의 무능력자입니다. 즉, 희생자들이 느끼는 고통을 이해할 능력이 없는 사람들인 것입니다.

이러한 감정 이입의 능력은 어렸을 때부터 길러져야 합니다. 감정 이입의 능력을 갖춘 아이의 전형적인 예로 자주 인용되는 일화가 있습니다.

유치원의 휴식 시간이었습니다. 모든 아이들이 운동장을 가로질러 뛰어가는데 그중 민수라는 아이가 넘어져서 무릎을 다쳐 울음을 터뜨렸습니다. 다른 아이들은 모두 이를 무시하고 계속 뛰어갔는데 상호 혼자만이 민수 옆에 멈춰 섰습니다. 민수의 울음이 잦아들자 상호는 가만히 민수 옆에 앉아 자기의 무릎을 쓰다듬으며 말했습니다. '나도 여기 아파.' 민수의 고통을 목격하고 자신이 해줄 수 있는 것이라곤 옆에 앉아 자기 무릎을 쓰다듬는 것뿐임을 알면서도 뭔가 위로하려고 애를 쓰는 상호의 모습이 바로 감정 이입의 능력인 것입니다.

타인의 감정이나 상황을 이해하고 역지사지(易地思之), 즉 '입장을 바꿔놓고 생각하기'를 하는 것이 타인에 대한 배려, 동정, 이타주의를 이끌어냅니다.

정도의 차이는 있지만 우리 인간은 모두가 이기적입니다. 따라서 인간의 성숙함을 가늠하고자 할 때 사용되는 개념이 이타성입니다. 나보다 남을 생각하는 마음, 다른 사람의 고통에 동참해서 조금이라도 나누고자 하는 마음 등이 이타성입니다. 이런 마음을 많이 가지고 있는 사람이 EQ가 높은 사람인 것입니다. 우리 아이들에게 이러한 이타적인 마음을 갖게 하기 위해서는 평소에 부모들이 어려운 사람들을 도와준다거나 하는 모습을 자주 보여 그러한 마음이 아이의 몸에 배도록 해야 합니다.

EQ를 구성하고 있는 요소들 중 중요한 또 하나가 인간 관계입니다. IQ 안에는 인간 관계 능력을 측정하는 문항들이 없습니다. 그래서 IQ가 사회적 성공을 예언하지 못하는 것일지도 모릅니다. 공부는 아주 잘하는데 친구가 없는 아이, 이런 아이들은 원만한 사회 생활을 할 수가 없습니다.

우리 인간은 사회적 동물이기 때문에 여러 사람들과 함께 살아가야 합니다. 그러므로 다른 사람과의 관계를 원만하게 이끌어가는 대인 관계 능력이 무엇보다 중요합니다. 대인 관계를 잘하기 위해서는 상대방의 감정을 잘 읽을 수 있어야 하고, 상대방의 입장에서 생각할 줄 알아야 합니다. 이것이 앞서 언급한 충동 통제 능력과 감정 이입의 능력입니다.

아이가 공부는 안 하고 친구와 놀기만 좋아해서 엄마들이 많이 속상해 하시는데, 아이들은 친구들과 놀면서 이러한 능력들을 키우고 있는 것입니다. 친구가 많고 친구를 잘 사귀는 아이는 EQ가 높은 아이입니다. 따라서 공부도 중요하지만 친구들과 같이 지내는 시간을 많이 갖도록 하는 것이 필요합니다.

현재 미국의 일부 학교에서는 〈삶의 기술〉, 〈자아 과학〉이라는 과목을 두고 감정을 다루는 방법 등에 대해 가르치고 있습니다. 학생들에게 가르치는 초보적 수준은 인간의 여섯 가지 기본 감정, 즉 행복, 슬픔, 분노, 놀라움, 두려움, 혐오의 감정이 일어날 때 근육의 움직임이 어떻게 달라지는가에 관한 것입니다.

이것은 다른 사람의 얼굴 표정에서 감정을 읽어내는 능력을 키우기 위한 것입니다. 잡지 등에서 사람 얼굴을 오려서 그 표정이 어떤 감정을 나타내는지 이름을 붙이게 한다든가, 특정 감정과 어울리는 얼굴 표정을 찾아보게 하는 수업은 너무나 초보적이고 뻔한 것이어서 가르칠 필요조차 없는 것처럼 보입니다. 그럼에도 불구하고 이러한 방식은 상당한 효과를 보이고 있습니다.

불량 소년들이 자주 분노를 터뜨리는 것은 중립적인 의사 전달이나 표현을 적대적인 것으로 잘못 해석하기 때문입니다. 그러므로 이러한 수업 내용은 이들에게는 필수적인 것입니다.

학년이 올라갈수록 보다 복잡한 감정들을 교육시키는데 주로 질투심, 자존심, 죄의식 같은 것입니다. 이러한 감정 인식 시간에는 자신과 주변 사람들이 느끼는 감정을 감지하는 방법에 대해 가르치고 있습니다. 또한 적대감의 속성이 실제로는 자신에게서 비롯된다는 것을 인식시키기 위해 적대감 유발 상황을 가상적으로 설정해 놓고 학생들로 하여금 토론을 하도록 하여 바람직한 문제 해결 방법을 이끌어내기도 합니다.

이처럼 우리 인간의 감정을 다루는 능력은 지적인 능력 못지 않게 중요합니다. 그러나 이 같은 능력이 한순간에 길러지는 것은 아닙니다. 더욱이 장난감이나 학습지를 통해서 길러지는 것은 결코 아닙니다. 부모들이 알아두어야 할 점은 EQ의 능력은 어릴 때부터 길러져야 하며 그 방법은 부모가 모델이 되어서 아이에게 자연스럽게 형성되도록 해야 한다는 것입니다. 돈을 들여서 EQ상품을 아이에게 제공하는 것보다, 불우한 이웃을 도와주는 부모님의 모습이 아이의 EQ를 높이는 일입니다.

제3장

스트레스를
주는 엄마
스트레스에
강한 아이

31 나쁜 행동은 무시하고
좋은 행동은 충분히 보상한다

우리는 가끔 길바닥에 누워 발을 구르면서 뭔가를 사달라고 떼쓰는 아이를 목격하곤 합니다.

이럴 경우 대부분의 엄마들이 아이의 요구를 들어주든가 때리든가 하는데, 이러한 방법으로는 아이의 떼쓰는 행동을 결코 고칠 수 없습니다. 가장 효과적인 방법은 무시하는 것입니다. 잠시 아이의 곁을 떠나는 것이 좋으며, 무시하는 태도 역시 일관되게 해야 합니다. 아이가 자주 떼쓰는 것은 엄마의 일관되지 못한 대응 때문인 경우가 많기 때문입니다.

2~3세부터 발달하는 자율성과 4~5세부터 발달하는 주도성 때문에 아이들은 자기 뜻대로 하려는 경향을 강하게 보입니다. 자율성이나 주도성은 아이들이 반드시 갖추어야 할 중요한 특성이지만, 그렇다고 아이가 하고 싶은 대로 놔두는 것은 좋지 않습니다. 자율성과 주도성

이 잘 발달되도록 가능하면 부모가 간섭을 하지 않으셔야 합니다.

　그러나 이때의 아이들이 꼭 알아야 할 점은 세상은 나 하고 싶은 대로 다 할 수 있는 곳이 아니라는 것입니다. 말 안 듣고 떼쓰고 제 고집 대로만 하려는 아이는 다루기가 힘듭니다. 그렇지만 아이의 고집을 꺾는 것이 어렵다고, 해달라는 대로 다 해주면 이기적인 아이가 되어 사회성 발달에 큰 지장을 초래하게 됩니다.

　아이들의 행동은 그것이 좋은 행동이건 나쁜 행동이건 학습된 것이지 선천적인 것이 아닙니다. 이 말은 바꿔 말하면 어떤 좋지 않은 행동이라도 고칠 수가 있다는 말입니다. 우연히 떼를 써서 엄마가 자신의 요구를 들어주는 것을 경험한 아이는 계속해서 보상을 얻기 위해 떼를 쓰게 되는 것입니다.

　그러므로 좋지 않은 행동을 없애기 위해서는 야단치는 것보다 보상을 주지 않는 것, 즉 무시하는 것이 좋습니다. 아무리 떼를 쓰고 고집을 피워도 엄마가 관심을 주지 않으면 스스로 사그라들 수밖에 없습니다. 떼를 쓸 때 엄마가 화를 내고 소리 지르는 것도 일종의 관심이고 보상이기 때문에 이런 행동을 보이지 말아야 합니다. 절대적으로 무시해 버려야 합니다. 보고 있기가 어려우면 자리를 피해 버리는 방법도 좋습니다. 그런데 여기에서 꼭 명심하셔야 할 것은 일관되게 해야지 어떤 때는 무시해 버리고 어떤 때는 들어주고 하면 절대 이 버릇은 고쳐지지 않습니다.

　아이에게 올바른 행동 습관을 길러 주기 위해서 엄마들이 지켜야 할 수칙은 나쁜 행동은 무시하고 좋은 행동은 충분히 보상해 주는 것입니다. 좋은 행동이 나올 때마다 충분히 보상을 해주면 좋은 행동들이 많아지게 되고 상대적으로 나쁜 행동은 줄어들게 되면서 올바른 행동 습관을 갖게 되는 것입니다.

강한 아이 만들기

좋지 않은 행동을 없애기 위해서는 야단치는 것보다 보상을 주지 않는 것, 즉 무시하는 것이 좋습니다. 아무리 떼를 쓰고 고집을 피워도 엄마가 관심을 주지 않으면 스스로 사그라들 수밖에 없습니다.

32 착한 일을 했을 때는 보상을 한다

아이가 좋은 행동을 할 때는 보상을 해주어야 그러한 행동이 몸에 배게 됩니다.

3~4세 이전의 아이들은 꼬옥 안아 준다거나 칭찬해 주는 것이 좋습니다. 4~5세 이후의 아이들에게는 '토큰 경제'를 이용해 보는 것도 좋은 방법입니다.

우리가 열차를 탈 때 승차표가 열차를 탈 수 있는 증표가 되듯이 이때의 토큰도 나중에 상을 받을 수 있는 증표가 되는 것입니다. 착한 일을 할 때마다 엄마가 토큰을 주면 아이는 이 토큰을 모아서 일정량이 됐을 때 보상을 받는 것입니다.

토큰으로 활용할 수 있는 것은 바둑알도 좋고 플라스틱 칩도 좋습니다. 그런데 주의해야 할 것은 엄마만이 준비할 수 있는 것으로 해야지 아이가 손쉽게 구할 수 있는 것은 안 됩니다. 바둑알을 사용할 경우에는 집안에 바둑알이 굴러다니지 않도록 주의하셔야 합니다.

토큰 경제를 시작하기 위해서는 먼저 토큰을 준비하고 다음에는 아이가 고쳤으면 하는 행동에 토큰을 걸어 놓습니다. 자기 전에 이를 닦으면 토큰 1개, 일찍 잠들면 토큰 1개, 7시 이후에 TV를 보지 않으면 토큰 2개…… 식으로 엄마 생각에 평소 고쳤으면 하는 행동 세 가지 정도에 토큰 수를 정해 놓습니다. 그리고 일주일 후에 아이가 모은 토큰 수를 점검해서 그 양에 따라 보상을 해주는 겁니다.

예를 들어 10개를 모으면 장난감을 사주고 20개를 모으면 놀이 공원에 데리고 가는 식으로 아이가 가장 원하는 것으로 보상해 줍니다.

이 과정 모두를 아이에게 설명해 준 뒤 토큰 상자를 마련하여 집안에 잘 보이는 곳에 놓습니다.

모여진 토큰을 아이가 수시로 볼 수 있도록 투명한 그릇을 토큰 상자로 이용하면 더욱 효과적입니다. 2~3주 후에 목표로 했던 세 가지 행동이 잘 행해진 것 같으면 이제는 목표 행동을 바꾸어서 다시 세 가지 행동을 정해놓고 시작합니다. 보상물도 다른 것으로 바꾸는 것이 좋은데 이때는 아이에게 가장 원하는 것이 무엇이냐고 물어봐서 정하는 게 좋습니다.

잘만 운영하면 토큰 경제는 상당한 효과를 거둘 수 있습니다. 토큰 경제가 성공하기 위해서는 엄마가 부지런해서 토큰 주는 시점을 놓쳐서는 안 되고, 보상물은 정말 아이가 원하는 것이어야 합니다.

그리고 엄마가 반드시 지켜야 할 것은 아이가 좋지 않은 행동을 할 때는 야단치지 말고 적극적으로 무시해야 한다는 것입니다. 야단 치는 것도 일종의 보상이라는 것을 잊지 마셔야 합니다. 더욱이 엄마의 잦은 잔소리는 아무런 효과가 없을 뿐더러 이내 면역이 되어 잔소리만 더 늘리게 되는 악순환을 거듭할 뿐입니다.

33 소리 지르지 않고,
야단치지 않고 아이의 습관을 고친다

유치원이나 학교에서 착한 행동을 해서 받아온 포도알을 집에 와서 책상 위에 붙어 있는 포도나무에 붙이는 것을 보셨을 겁니다. 포도나무가 다 채워지면 선생님한테 선물을 받게 되는데 이 포도알이 일종의 토큰입니다. 토큰은 나중에 보상물과 교환할 수 있는 증표가 되는 것입니다. 처음 시작할 때 아이에게 열 개 정도의 토큰을 기본으로 갖게 하고 고칠 행동을 정합니다. 예를 들어 학원 갔다 와서 신발 똑바로 벗기, 가방 걸기, 옷 걸기 등 연령에 따라 세 가지 정도를 정해 놓고 아이와 다음과 같이 약속을 합니다.

"하루 세 번 검사해서 세 번 다 제자리에 있으면 토큰을 세 개 주고 그렇지 않을 때는 검사 때마다 토큰을 한 개씩 뺏겠다. 그래서 일요일 날 아침에 토큰 수를 검사해서 20개가 넘으면 네가 원하는 것을 사주 겠다."

이때 주의하셔야 할 점은 검사할 때 안 되어 있다고 소리 지르거나 야단치지 말고 조용히 토큰만 뺏어야 한다는 겁니다. 그리고 목표로 정한 행동 이외에는 철저히 무시해야 합니다. 신발 똑바로 벗기, 가방 걸기, 옷 걸기만을 고칠 대상으로 하였으면 이것이 훈련될 때까지는 다른 행동은 무시해야 합니다. TV만 보고 숙제를 안 한다고 소리 지르며 야단쳐서는 안 됩니다. 숙제 문제는 이번 훈련이 끝난 다음에 다음 번 행동 목표로 삼으시면 됩니다. 2주일쯤 지난 다음 훈련이 된 것 같으면 다시 목록을 세 개 정도 정해 놓고 앞에서와 같은 방법으로 계속하시면 됩니다.

다음은 치우지 않을 경우 장난감을 압수하는 방법입니다.

레고 놀이를 하다가 치우지 않으면 바닥에 떨어져 있는 것들을 모아서 선반 위에 올려놓고 열흘쯤 후에 꺼내 줍니다. 이때에도 화를 내거나 소리 지르며 야단치지 않습니다. 조용히 장난감 바구니에 담아 올려놓기만 하면 됩니다. 그리고 아이에게 네가 치우지 않았기 때문이라고 설명해 줍니다. 열흘 후에 내려줄 때는 아이에게 왜 장난감 바구니를 선반 위에 올려놓았나를 물어봅니다. 아이가 치우지 않았기 때문이라고 얘기하면 맞았다고만 하고 "안 치우면 또 올려버릴 거야" 하는 식의 위협적인 말은 하지 않습니다.

아이의 잘못된 습관을 고칠 때 가장 중요한 것은 엄마가 부지런해야 된다는 겁니다. 하루에 세 번 검사한다고 약속했으면 무슨 일이 있어도 세 번 검사해야 합니다. 귀찮다고 하루라도 거르면 지금까지 했던 훈련 효과는 사라져 버리고 맙니다.

무엇이든 지나치면 좋지 않듯이 정리 정돈의 문제도 엄마의 강박적인 청결벽 때문에 지나치게 규제를 하면 좋지 않습니다. 특히 호기심이 많은 아이는 여러 가지 잡다한 물건들을 모으기 좋아해서 주변이 늘 지저분한 경우가 많습니다. 이같이 모으는 행동은 나름대로 목표를 가지고 하는 것이기 때문에 존중해 주어야 합니다. 엄마가 청소를 하면서 아이가 그 동안 열심히 모아 놓았던 캐릭터나 스티커 등을 전부 버리는 것은 엄마가 아끼는 보석을 잃어버렸을 때와 같은 상처를 아이에게 줄 수 있습니다.

34 정리 정돈은
쉬운 것부터 나누어서

아이들이 있는 집에 가면 어찌나 어질러져 있는지 앉을 자리가 없을 때가 많습니다. 한쪽에는 레고 조각이 흩어져 있고, 한쪽에는 크레파스가 널려 있고, 하여튼 정신이 없습니다. 아이들은 주의집중 시간이 짧기 때문에 이것 하다가 저것 하다가 하면서 놀이를 계속 바꾸기 때문에 어질러지기 쉽습니다.

그러나 한 가지 놀이를 한 다음에는 꼭 치우고 나서 다음 놀이를 하도록 가르치는 것이 필요합니다. 어렸을 때부터 정리 정돈을 못하는 아이는 중고생이 되어서도 변하지 않기 때문에 어려서부터 정돈하는 습관을 길러 주어야 합니다. 세 살 때 버릇이 여든까지 간다는 속담이 가장 잘 들어맞는 것이 이 정리 정돈의 습관입니다. 정리 정돈은 어려서부터 빨리 습관들여 놓는 것이 좋고, 엄격할수록 좋기 때문에 엄마가 각별한 신경을 써서 지도하셔야 합니다.

정리 정돈을 훈련시키는 방법의 첫 번째 수칙은 처음부터 너무 어려운 것을 시키지 말고 쉬운 것부터 쪼개서 시키는 것입니다.

예를 들면 마루 전체에 어질러져 있는 레고 조각들을 전부 치우라고 하지 말고 엄마가 먼저 치우기 시작해서 약간만 남겨 놓은 다음에 아이가 치우게 합니다. 마지막 레고 조각이 바구니에 담아졌을 때 만세를 부르게 한 다음 엄마가 꼬옥 안아 줍니다. 다 치웠다는 느낌을 아이가 갖도록 하는 것입니다. 이것을 2~3일 계속하면서 남겨 놓은 양을 점차로 늘려 갑니다. 이때 빠뜨리지 않고 만세와 포옹을 항상 하셔야 합니다.

쉬운 것으로 쪼개서 시키는 훈련 방법은 좀더 큰 아이에게도 적용됩니다. 학교를 가고 난 후에 아이의 방을 보면 굉장합니다. 옷은 뱀껍질처럼 벗은 모양 그대로이고, 이불은 엉망으로 어질러져 있고 책은 책대로 나뒹그러져 있습니다. 항상 잔소리를 하고 야단을 쳐도 고쳐지지가 않습니다.

여기에는 여러 가지 이유가 있습니다. 우선 엄마가 치워 주기 때문입니다. 잔소리를 하면서도 결국 엄마가 치워 주기 때문에 아이 편에서 보면 꼭 치워야 할 필요성을 느끼지 못합니다.

또 한 가지 이유는 바쁜 아침에 방 전체를 치우는 것이 아이에게는 버거운 일이기 때문입니다. 그러므로 일을 쪼개서 시켜야 합니다. 예를 들어 이번 주 목표 행동을 옷 걸기로 정해 놓고 이것이 잘 지켜져 습관화되면 다음의 목표 행동을 정하는 것입니다. 대개의 경우 치우지 않는 것이 습관화되어 버린 경우가 많기 때문에 한 가지 목표 행동을 훈련시키는 데 일주일이 모자라는 경우가 많습니다. 성급하게 생각하지 말고 완전히 습관화될 때까지 꾸준히 실행하도록 하셔야 합니다. 옷 걸기, 이불 정리하기, 책 정리하기 등이 모두 습관화되면 짧은 시간에도 이 모든 일을 하는 것이 어렵지 않습니다.

그리고 이 과정에서도 어린아이들과 마찬가지로 보상 주는 것을 잊지 말아야 합니다. 말로 칭찬해 주는 것도 좋지만 안아 준다든가 하는 스킨십을 이용하는 것이 더욱 효과적입니다. 그 동안 엄마에게 안겨 보지 못했던 큰아이들이 어린아이들보다 더 스킨십을 좋아한답니다.

강한 아이 만들기

정리 정돈을 훈련시키는 방법의 첫 번째 수칙은 처음부터 너무 어려운 것을 시키지 말고 쉬운 것부터 쪼개서 시키는 것입니다.

35 의존적인 아이를
독립적인 아이로 키우는 방법

　　"우리 아이는 제 스스로 알아서 하는 게
하나도 없어요. 꼭 시켜야 하고 그것도 어찌나 꾸물대는지 옆에서 보
고 있으면 제가 복장이 터질 지경이에요."

　　이런 불평을 늘어놓는 엄마들이 많이 있습니다. 아이가 너무 의존적
이라서, 즉 독립성이 부족해서 걱정을 하시는데 이 의존성은 절대적으
로 타고난 것이 아니라 환경에서부터 학습된 것입니다. 누군가가 그렇
게 만들었다는 것입니다.

　　아이가 태어나서 2년 정도 지나면 자율성이 형성되기 시작합니다.
숟가락질도 잘 못하면서 밥을 먹을 때도 저 혼자 먹으려고 하고 자꾸
넘어지면서도 혼자 걸으려고 합니다. 이러한 모든 행동들은 자율성이
싹트고 있는 모습입니다. 그런데 이때 엄마가 옆에서 가만히 있지 않
고 다 해줍니다. 그래서 아이가 실수할 기회를 갖지 못합니다. 실수도

하면서 점차 자율성을 다져야 하는데 엄마가 너무 보호를 많이 해주어 문제인 것입니다.

엄마의 과잉 보호가 나쁘다는 말은 주위에서 많이 듣지만 엄마의 이러한 태도가 과잉 보호이며 이것이 아이의 자율성을 꺾는다는 걸 잘 인식하지 못하고 있습니다. 아이가 이 세상을 잘 살아가기 위해서는 강하게 키워야 합니다. 즉 독립적인 아이로 키워야 한다는 것입니다. 아이의 의존성은 타고난 것이 아니라 학습된 것이기 때문에 고칠 수 있습니다.

다음은 의존적인 아이를 독립적인 아이로 키우는 방법입니다.

첫째, 그날 하루 아이가 해야 될 일과를 정해줍니다.

처음에는 시간별로 정해 주되 해야 할 것의 목록을 정해 줍니다. 여기에서 주의해야 할 점은 적은 양을 정해 주는 것입니다. 우선 아이가 충분히 할 수 있는 양을 적어서 책상 위에 붙여 놓습니다. 목록을 정해 주기만 하고 절대 잔소리는 하지 않아야 합니다.

밤에 잠들기 전에 목록표를 엄마에게 보이게 하고 잘 지켜졌으면 아주 기뻐하면서 충분히 칭찬해 줍니다. 이렇게 칭찬 받을 기회를 갖기 위해서는 적은 양의 목록을 정해 주셔야 한다는 것을 잊어서는 안 됩니다.

말로 칭찬해 주다가 가끔씩은 아이가 좋아하는 것을 사준다든가 하여 물건으로 보상을 해주는 것도 좋습니다. 보상을 자주 받게 되면 아이는 자기가 혼자 해냈다는 성취감을 갖게 되고 스스로 하고 싶은 동기가 생기게 됩니다.

둘째, 자신의 행동에 대한 결과를 책임지게 합니다.

예를 들어 준비물을 미리 챙기지 않았으면 그냥 학교에 가게 해야지 아침에 엄마가 허둥대면서 챙겨 주어서는 안 됩니다. 늦잠 때문에 아침마다 아이와 실랑이를 하시는데 그러지 말고 알람시계를 맞춰놓고 제 스스로 일어나게 합니다. 아이가 잘못해서 지각을 하더라도 엄마가 개입하지 맙시다. 허구한 날 엄마가 잔소리를 해야지만 일과를 해나가는 아이는 이런 의존적인 상태가 커서도 지속됩니다. 자신의 잘못에 대한 책임을 지게 함으로써 스스로 자신의 행동을 반성하고 고쳐 나가게 해야 합니다.

셋째, 선택권 또는 결정권을 아이에게 줍니다.

이를 위해서는 아이와의 대화 방법을 바꾸셔야 합니다. "무엇 무엇을 해라" 같은 명령형의 말보다는 "무엇 무엇을 하는 게 어떻겠니?"처럼 의문형의 말을 사용하도록 합니다.

시켜도 말을 잘 안 듣는 아이에게 의문형의 말을 사용해도 소용없는 것 같으면 두 가지 대안을 주고 아이가 선택하도록 해봅니다. 예를 들어 "지금 빨리 숙제해"라고 하지 마시고 "지금 숙제를 하겠니, 아니면 TV를 보고 하겠니? 네가 결정해라" 하면 아이는 그중 한 가지를 선택하게 됩니다. 그리고 자기가 결정한 것이기 때문에 어떻게든지 해보려고 합니다.

옷 같은 것을 살 때도 엄마가 일방적으로 결정하지 말고 두 개 또는 세 개를 골라 주고 그중에서 아이가 선택하도록 합니다. 이렇게 매사를 아이로 하여금 스스로 결정하게 하면 처음에는 서툰 결정을 하다가도 점차로 바람직한 결정을 하게 됨은 물론, 자신의 일을 스스로 알아서 하면서 성취감을 갖게 되고 자기 존중감도 갖게 됩니다. 그러면서 독립적인 아이로 자라게 되는 것입니다. 이때 중요한 점은 아이가 미숙한 결정을 내리더라도 언젠가는 괜찮아질 거라는 확신을 가지고 어느 정도는 참고 기다리셔야 한다는 것입니다.

넷째, 엄마가 잔소리를 하지 않아야 합니다.

엄마들도 잔소리가 안 좋다는 것은 아십니다. 잔소리를 하고 난 뒤 아이에게 너무 스트레스를 주는 것은 아닌가 자책감을 갖습니다. 그러면서도 자제가 잘 안 되는데 이것은 엄마가 불안하기 때문입니다. 엄마가 좀 느긋하셔야 합니다. 아이의 생명과 관련된 것이 아니면 절대적으로 잔소리를 하지 말아야 합니다.

하루 동안 엄마가 아이에게 하는 말들을 모아 보면, 꼭 필요치 않은 말들이 대부분일 것입니다. 그냥 놔둬보는 훈련이 엄마에게 필요합니다. 특히 엄마의 성격과 아이의 성격이 판이할 때 엄마는 심하게 잔소리를 하게 됩니다. 즉 엄마가 지나치게 깔끔하고 완벽주의적인 성격일 때 아이에게 지나친 간섭을 합니다.

간섭은 잔소리일 뿐이지 사랑을 바탕으로 한 관심이 아닙니다. 아이를 가만히 놔두라는 것은 방임하라는 것이 아닙니다. 꾸준하게 관심을 가지고 아이 스스로 할 수 있는 시간과 기회를 주면서 조금 기다리라는 겁니다.

옛날에 한 농부가 살고 있었는데 이 농부는 너무도 의욕적이고 적극적인 사람이었답니다. 씨를 뿌리고 나서 열심히 물을 줬더니 싹이 나오기 시작했습니다. 농부는 이 싹들이 더 빨리 자랄 수 있도록 싹 하나하나를 전부 손으로 들어올려 주었습니다.

그 다음날 어떻게 됐을까요? 싹들이 전부 죽었습니다. 집안에서 키우는 화초들도 말라 죽는 경우보다 물을 너무 많이 줘서 죽는 경우가 훨씬 더 많다는 것을 우리는 잘 알고 있습니다.

36 "무엇 무엇을 해라" 보다는 "네 생각은 어떠니" 라고 묻는다

인간의 성격은 환경에 따라 바뀌기도 하지만 기질적인 성격은 타고난 것 같습니다.

우리가 일반적으로 성격의 유형을 나눌 때 크게 내성적인 성격과 외향적인 성격으로 나누고 있는데, 이 두 가지 성격에는 나름대로의 장점과 단점이 있습니다. 내성적인 아이들은 활발하지 못한 반면에 매사에 치밀함을 보이는 좋은 점을 가지고 있습니다. 특히 정보화 사회에서는 이렇게 차분한 성격이 의외로 많은 득을 볼 수 있습니다.

그러나 다른 사람들 앞에 나서는 것을 어려워하고 심지어는 또래 아이들한테 맞고 들어올 때도 있어 엄마를 속상하게 합니다. 특히 아들을 키우는 엄마들은 활달한 아이로 자라기를 무척 바랍니다.

아이가 너무 소극적이라고 생각되면 우선 평소에 부모님이 아이를 어떻게 대하는가에 대해서 생각해 보셔야 합니다. 아이에게 필요한 것을 엄마가 모두 해주지는 않나, 그래서 아이가 스스로 문제 해결의 경험을 갖지 못하게 하지는 않나, 또는 너무 엄격하게 아이를 다루면서 모든 것을 엄마의 기준에 맞추도록 강요하지는 않았나 하는 것들입니다.

이러한 양육 태도는 아이의 자주성이나 주도성을 위축시킵니다. 아이는 집에서는 엄마가 다 해주었기 때문에 편안했으나 세상에 나가니까 자기 마음대로 되지 않는다는 것을 알게 됩니다. 그러다 보니 세상이 무서워지고 행동이 소극적으로 되는 것입니다.

그러므로 소극적인 아이를 적극적이고 자신감 있는 아이로 변화시키기 위해서는 지금까지의 부모님 태도를 바꾸셔야 합니다. 되도록이면 아이가 주도적으로 행동할 수 있도록 선택권을 아이에게 주어야 합니다. "무엇무엇을 해라"보다는 "네 생각은 어떠니?"라고 묻고, "이것을 입어라"보다는 "이 옷과 저 옷 중에 어느 것을 선택할래?" 하는 식으로 결정하고 선택하는 것을 아이의 몫으로 남겨 주셔야 합니다.

강한 아이 만들기

아이는 집에서는 엄마가 다 해주었기 때문에 편안했으나 세상에 나가니까 자기 마음대로 되지 않는다는 것을 알게 됩니다. 그러다 보니 세상이 무서워지고 행동이 소극적으로 되는 것입니다.

37 내성적이고
소극적인 아이를 변화시키는 방법

운동회나 발표회 같은 데서 다른 아이
들은 열심히 참여하는데 내 아이만 쭈뼛거리고 뒷전으로 빼기만 해서
속상해 하는 엄마가 많습니다. 그런 소극적인 성격은 타고난 것이라
쉽게 고쳐지지는 않지만 엄마가 꾸준히 변화시키려고 노력하면 고쳐
질 수 있습니다.

첫째는 친구들과 놀게 하는 것이 필요합니다.

처음에 잘 어울리지 못하면 엄마가 또래 아이가 있는 집에 놀러 가
서 자연스럽게 그 집 아이와 놀게 하는 겁니다. 또는 또래 아이가 있는
집을 서너 집 모아, 돌아가면서 아이를 돌보는 방법도 좋습니다. 한 집
에서 한 엄마가 세 아이를 돌보면서 같이 놀게 하는 겁니다. 이 방법은
엄마에게 여유 시간을 줄 수 있다는 좋은 점도 있지만 아이가 유치원

에 가기 전에 엄마와의 분리불안에서 벗어나는 경험을 발달시켜 줄 수 있고, 성격도 활발해지게 합니다. 놀이 시간은 점차로 늘려 가는 것이 좋습니다. 처음에는 한 시간 정도로 하다가 아이가 익숙해지면 두 시간, 세 시간으로 늘려 갑니다.

이러한 방법을 사용해도 아이가 어울리지 못한다면 자기보다 더 어린 아이와 같이 놀게 하는 방법도 좋습니다. 흔히 엄마들은 큰 아이들과 놀아야 배우는 게 있다고 생각하는데 이것은 아이마다 다릅니다. 자신감이 없는 아이는 저보다 어린 아이와 놀게 해서 대장이 되는 느낌을 가져 보게 하는 것이 좋습니다. 살아가는 데 중요한 능력인 '리더십'이란 것이 이러한 활동을 통해서 길러질 수 있기 때문입니다.

둘째는 발표력을 키우는 방법입니다.

요즈음 유치원에는 재롱잔치 등이 있어 남 앞에 나서기를 꺼려하는 아이들을 기죽게 하고 그 모습을 보는 엄마들이 무척 속상해 합니다. 사실 발표 능력의 개인 차가 심한 어린아이들에게 이러한 행사는 득보다 실이 많을 수도 있습니다. 그러나 이러한 행사들은 지속될 것이고 학교에 들어가서도 발표력은 중요한 것이기 때문에 어릴 때부터 훈련을 시키는 것이 필요합니다.

발표력을 기르는 훈련 방법입니다.

첫째, 아이가 글을 읽을 줄 안다면 크게 소리내어 읽게 합니다. 이러한 활동을 잘하면 별표를 주어 보상을 하십시오.

둘째, 아이가 평소에 잘하는 것, 예를 들면 노래를 잘한다든가 이야기를 잘 꾸민다든가 하면 낮 동안 엄마와 충분히 연습하여 저녁 때 아빠 앞에서 발표하게 합니다. 발표하는 동안 실수를 하더라도 너무 안타까워하지 말고 무심하게 행동해야 합니다. 엄마가 도와주거나 고쳐주는 걸 아이들은 무척 싫어한다는 것을 아셔야 합니다. 그리고 발표가 끝나면 충분한 보상을 줍니다.

셋째, 유치원 선생님에게 상황을 잘 말씀드려서 도움을 청해 봅니다. 다음날 선생님이 아이들에게 질문할 내용을 미리 알아본 뒤 그 내용을 아이에게 가르쳐 주고 연습시켜서 다음날 선생님이 시키면 답을 잘할 수 있게 합니다. 선생님한테 칭찬을 받으면서 아이는 성공의 기쁨을 맛보게 됩니다. 이러한 경험을 여러 번 해야 합니다.

내성적이고 소극적인 성격은 그렇게 쉽게 고쳐지지 않습니다. 그런데 다행스러운 것은 아이들이 자라면서 자신의 성격의 단점을 인식하게 되고 스스로 고쳐 보려고 한다는 것입니다. 어떤 아이는 고등학생이 되면서, 어떤 아이는 대학생이 되면서 자신의 성격을 바꿔보려고 노력하면서 실제로 바뀌는 경우가 많습니다. 이 시점은 아이마다 다를 수 있지만 아이가 스스로 느껴서 고쳐 가는 것이 가장 빠르고 효과적인 방법입니다.

38 편식하는 아이는
질릴 때까지 먹게 한다

어릴 때의 편식 습관은 성인기까지 이어질 수 있기 때문에 평생 건강에 좋지 않은 영향을 줄 수 있습니다. 따라서 편식 습관은 어려서부터 고쳐 주어야 합니다. 아이들 편식의 원인은 명확하지는 않지만 이유기 때 한 가지 종류의 음식만 지속적으로 먹일 경우에도 편식 습관을 갖게 된다고 합니다.

또한 평소에 아무거나 잘 먹던 아이가 갑작스럽게 편식 행동을 보일 때는 심리적 원인이 바탕에 깔려 있을 수도 있습니다. 동생이 태어났을 때나 부모가 사랑을 보이지 않을 때, 또는 편애할 때 부모의 관심을 끌기 위해 편식하는 행동을 보일 수가 있습니다.

아이의 편식 원인이 심리적인 것으로 생각되면 충분한 애정과 관심을 보여 주셔야 합니다.

다음은 편식 습관을 고치기 위한 구체적인 방법입니다.

우선 벌을 주는 한 가지 유형으로 질릴 때까지 먹게 하는 방법이 있습니다. 무엇이든지 먹지 말라고 하면 더 먹고 싶은 게 인간의 심리이기 때문에 이를 역이용해서 질릴 때까지 먹게 하는 겁니다.

단 것을 너무 좋아하는 아이한테 한꺼번에 사탕 한 봉지를 다 먹게 해서 나중에는 사탕만 봐도 진저리가 나게끔 하는 그런 식인데, 예를 들어 밥은 먹지 않고 라면만 먹겠다는 아이에게는 2~3일 동안 모든 음식을 끊고 라면만 먹이는 겁니다. 2~3일 동안 라면만 먹는다고 해서 아이의 건강이 손상되지는 않습니다. 애처롭다고 간식을 주거나 하

면 아이의 편식은 절대로 고쳐질 수 없습니다. 엄마가 모진 마음을 먹어야 합니다.

또 한 가지 방법은 아이의 반찬을 식구들과는 별도로 쟁반에 세 가지를 놓습니다. 반찬 세 가지 중 두 가지는 아이가 좋아하는 것으로 하고 한 가지는 싫어하는 것으로 합니다. 처음에는 좋아하는 반찬은 평소의 양대로 담지만 싫어하는 반찬은 한 젓가락 정도만 담아서 싫어하는 음식을 먹는 것이 별 부담이 되지 않게 합니다. 아이가 싫어하는 반찬을 먹으면 칭찬을 해줍니다.

한 이틀 동안 이렇게 하다가 잘 진행되면 싫어하는 음식의 양을 점차로 조금씩 늘려 가는 겁니다. 이때 쟁반에 있는 음식은 모두 먹어야 된다는 것을 알려주고 다 먹으면 보상을 주겠다고 약속하는 것도 좋습니다. 보상은 돈이나 먹는 것으로 하지 말고 식탁 옆 벽에 종이를 붙여 놓고 다 먹을 때마다 그 위에 별표를 하나씩 그려 줍니다. 그리고 별표가 열 개가 되면 아이가 평소에 가지고 싶어했던 것을 사주겠다고 약속합니다. 상을 받을 수 있는 별표의 수는 아이와 상의해서 정하는 것도 좋습니다.

다음은 올바른 식사습관을 길러 주는 방법입니다.

잘못된 식사 습관을 보면, 엄마가 숟가락을 들고 아이를 쫓아다니면서 먹이는 경우, 아이가 식탁이 아닌 탁자에서 TV를 보며 먹는 경우, 아무리 밥 먹으라고 소리쳐도 노느라고 또는 TV를 보느라고 식탁에 오질 않는 경우들이 있습니다.

식사는 정해진 시간에 정해진 장소에서 해야 합니다. 그러기 위해서는 식사할 때는 식사하는 한 가지 행동만 하게 해야 합니다. TV는 꺼야 하고 놀이는 중단시켜야 합니다. 상을 차려 놓은 후에 곧바로 식사를 하도록 하기 위해서 타이머를 이용하는 것도 좋습니다. "너 열 셀 때까지 안 먹으면 상 치워 버릴 거야"라는 말을 많이 하시는데, 타이머를 사용하면 엄마가 직접 열까지 세지 않아도 되고 타이머의 시간만 맞춰 놓으면 됩니다.

타이머는 다른 행동을 수정시킬 때도 아주 유용한 것이니까 아이를 키우는 집안에서는 한 개씩 갖추고 있는 것이 좋습니다(미용 재료상에서 구입이 가능함). 타이머를 사용하면 알람시계보다도 훈련상황이라는 기분이 더 들어 효과적입니다. 아이에게 타이머가 울릴 때까지 식탁에 오지 않으면 밥상을 치울 거라고 하십시오. 타이머를 아이 옆에 놓고 시간은 2~3분 정도로 맞춰 놓으면 됩니다. 타이머가 울릴 때까지 밥 먹기를 시작하지 않으면 약속대로 상을 치워야 합니다. 절대 다른 간식을 주어서는 안 됩니다.

또 한가지는 엄마들이 아이의 뒤를 따라다니면서 밥을 먹이는 경우가 있는데 이것은 좋지 않습니다. 엄마들이 우리 아이는 너무 안 먹어서 영양이 부족할 거라고 생각하시지만 밥만 안 먹지 다른 간식은 많이 먹는 경우가 대부분입니다. 특히 체구가 작은 부모들은 아이가 부모를 닮을까봐 걱정되어서 지나치게 먹는 데 신경을 쓰십니다.

그러나 아이의 하루 필요량은 그리 많지 않습니다. 어렸을 때 많이 먹이면 비만이 되기 쉽고, 금방 비만이 되지 않더라도 지방 세포수가 늘어나서 성인이 됐을 때 비만이 될 가능성이 커집니다. 지방 세포수는 일단 한번 늘어나면 결코 줄어들지 않기 때문입니다. 더욱이 사람의 지방 세포수가 결정되는 시기는 아주 어릴 때이므로 어려서부터 지나치게 많이 먹이는 것은 좋지 않습니다. 어렸을 때 많이 먹어 지방세포 수가 늘어난 사람은 성인이 되어 다이어트를 하더라도 지방 세포수는 그대로 있고 지방 세포의 크기만 작아지기 때문에 다시 비만이 될 확률이 큽니다.

　잘못된 식습관은 부모의 탓이라고 해도 과언이 아닙니다. 그러므로 엄마가 꼭 고쳐 주어야 합니다. "시장이 반찬"이라는 우리의 속담이 있듯이 배고프면 먹게 돼 있습니다. 그러므로 편식을 고칠 때는 엄마의 단호한 의지가 필요합니다.

평소에 아무거나 잘 먹던 아이가 갑작스럽게 편식 행동을 보일 때는 동생이 태어났을 때나 부모가 사랑을 보이지 않을 때, 또는 편애할 때 부모의 관심을 끌기 위해 편식하는 행동을 보일 수가 있습니다.

39 텔레비전 시청은 정해진 시간에

우리가 TV를 보는 이유는 즐거움이나 유익한 정보를 얻기 위해서입니다. 그러나 TV나 비디오의 기능이 그렇게 좋은 것만은 아닙니다. 선정적이거나 폭력적인 내용들도 다수 포함되어 있어 아이의 TV 시청은 부모의 통제가 필요합니다. 부모님들은 무엇보다도 아이들이 TV를 습관적으로 너무 많이 본다는 것에 대해 걱정을 하십니다. 현재 아이들이 공부하는 데 가장 큰 장애 요소가 되는 것이 TV 시청이라고 합니다.

다음은 TV나 비디오 시청의 문제점과 적절한 지도 방법입니다.

TV나 비디오 같은 영상 매체는 책이나 신문 같은 인쇄 매체보다 편리한 점이 많습니다. 그러나 이 편리함이 아이들에게는 단점으로 기능할 수 있습니다. 첫 번째 단점으로 꼽을 수 있는 것이 TV나 비디오 같은 영상 매체는 우리의 감각 기관을 자극시키는 강도가 다른 매체에 비해 무척 크다는 것입니다. 영상 매체는 우리의 감각 기관 중 시각과 청각의 두 가지 감각을 자극시키는 것일 뿐만 아니라, 그 강도 역시 크기 때문에 시각만을 자극하는 인쇄 매체, 또는 청각만을 자극하는 라디오보다 훨씬 자극적입니다. 어려서부터 가장 강한 강도의 영상 매체에 익숙해 버리면 책같이 강도가 약한 매체에는 흥미를 느끼지 못합니다.

돌도 안 된 아이가 TV를 보고 관심을 나타내는 것이 신기해서 우리 엄마들은 일부러 TV 앞에 아이를 앉혀 놓곤 합니다. 또한 이때 아이의 몰두 시간이 길기 때문에 TV 앞에 아이를 앉혀 놓고 다른 일을 하곤 합니다. 이러한 행동은 바람직하지 않습니다. 어릴 때는 영상 매체보다 책같은 인쇄 매체를 자주 접하는 것이 좋습니다.

두 번째 단점은 우리가 영상 매체를 접할 때 보이는 수동성입니다. TV를 볼 때 우리의 자세를 보면 정말로 편안한 자세입니다. 책을 읽을 때는 책장을 넘겨야 하기 때문에 그렇게 편안한 자세를 취하기가 어렵습니다. 특히 책을 읽을 때는 여러 가지를 상상해야 합니다. 주인공의 얼굴 모습이나 옷차림도 상상해야 하고, 주인공이 처한 상황도 구체적으로 상상해야 합니다. 이렇게 책을 읽을 때는 적극적이고 능동적인 행위가 요구되는데 반하여 영상 매체는 화면에서 모든 것을 다 보여주니까 그냥 보기만 하면 됩니다. 문제는 이러한 수동적인 태도에 익숙해지면 능동적으로 보아야 하는 독서 등이 귀찮아진다는 것입니다.

세 번째 단점으로는 TV에 지나치게 빠지면 사람보다 기계에 더 애착을 보이게 된다는 것입니다. 요사이 '비디오 보이'라는 말이 나올 정도로 이러한 아이들이 눈에 많이 띕니다. 우리 인간은 사회적 동물이기 때문에 사람과의 관계가 더 중요합니다. TV나 비디오를 보느라고 친구와 어울리는 기회를 갖지 못하는 것은 문제가 될 수 있습니다. 아이들에게는 TV에서 주는 즐거움이나 정보보다 또래 친구들과의 관계에서 배우는 사회성이 더 중요하기 때문입니다.

TV가 사람과의 관계를 단절시키는 예는 요즈음 각 가정에서도 찾아볼 수가 있습니다. 식구들이 오랜만에 거실에 앉게 되면 꼭 TV를 틀어 놓아 식구들간의 대화보다 TV에 열중하게 되는데 이것도 고쳐져야 합니다. 가족들간의 대화 단절의 주범이 TV인 것입니다.

다음은 TV 시청의 구체적인 지도 방법입니다.

아이의 TV시청은 반드시 계획적인 시청이어야 합니다. 아무 때나 TV 앞에 앉아서 리모컨을 사용하여 이 프로 저 프로를 마음대로 보게 해서는 안 됩니다. 이렇게 하면 TV 시청이 습관화되어서 고치기가 어려워집니다.

TV를 계획적으로 시청하기 위해서는 신문의 TV 안내란에 그날 볼 프로를 형광펜으로 표시해 놓습니다. 프로를 선정할 때는 아이의 의견도 수렴하셔야 합니다. 그리고 보기로 약속한 프로그램만 볼 수 있다는 것을 아이에게 단단히 다짐해 놓아야 합니다. 그리고 정해 놓은 프로그램이 끝나면 TV를 일단 꺼야지 리모컨으로 다른 채널을 돌려 봐서는 안 됩니다. 또다시 보고 싶은 욕구가 생기기 때문입니다.

또 다른 방법으로는 TV를 볼 수 있는 시간을 정해 놓는 것입니다.

대체로 아이들은 만화영화 채널을 꼭 보려고 합니다. 그렇다면 정해진 시간만 TV를 보게 하고 약속한 시간이 되면 반드시 TV 앞을 떠나게 해야 합니다. 이를 지키기 위해서 알람시계를 약속한 시간에 맞추어서 TV 위에 놓습니다. 벨이 울리자마자 아이가 일어서면 보상을 주고 그렇지 않을 경우에는 벌을 줍니다.

보상과 벌을 주는 방법은 TV 옆에 일주일간의 태도를 평가할 수 있는 표를 그려서 붙여 놓고, 잘 실행한 날은 O표, 그렇지 않은 날은 X표를 표시해서 일주일 동안의 태도를 평가하여 O표가 7개이면 아이가 좋아하는 것을 보상으로 주고 X표가 2개 이상일 때는 용돈을 주지 않는다든가 또는 게임을 3일 동안 할 수 없게 한다든가 해서 아이에게 필요한 것을 뺏는 방법으로 벌을 주는 겁니다. 이때 중요한 것은 보상물이 아이가 정말로 원하는 것이어야 합니다. 따라서 보상물의 종류를 결정할 때는 아이와 상의를 하는 것이 좋습니다.

아이의 TV 시청을 무조건적으로 금지시켜서는 안 됩니다. 또는 아이들 프로만을 보게 해서도 안 됩니다. 음악프로를 보면서 요즘음 누구 노래가 인기가 있는지 등에 대해서도 알아야 또래들간의 대화에 낄 수가 있습니다. TV가 보고 싶어서 부모와의 외출도 싫어하는 아이가 있는데 이럴 때 무조건 강요할 것이 아니라 녹화를 해주는 배려도 필요합니다. 그리고 일주일에 하루 정도는 마음껏 TV를 보게 하는 것도 좋습니다. 토요일 같은 날을 하루 정해서 공부에서 완전히 해방되는 것도 필요합니다.

40 아이가 난폭한 행동을 할 때는 '타임아웃' 방법이 효과적

특하면 다른 아이를 밀어뜨린다든가 때리는 아이, 아무 물건이나 집어던지는 아이, 심한 욕을 하는 아이 등 난폭한 행동을 보이는 아이들이 있습니다. 이러한 아이들은 어렸을 때 반드시 고쳐야지 그렇지 않을 경우 커서까지 지속될 수 있습니다.

폭력을 써서 문제를 해결해 온 아이들은 계속적으로 이 방법을 쓰기 때문에 비행을 저지르기가 쉽습니다. 사람과의 관계에서는 어떠한 폭력도 행사해서는 안 됩니다. 우리는 인간이기 때문에 힘보다는 말로서 문제를 해결해야 합니다.

아이가 난폭한 행동을 하는 데에는 여러 가지 원인이 있습니다.

우선 기질적인 이유가 있습니다. 아이들을 키우다 보면 너무 순해서 손을 타지 않는 아이가 있는가 하면, 거칠고 과격해서 키우기가 아주 힘든 아이도 있습니다. 같은 부모 밑에서 태어난 형제라도 이렇게 아주 다른 모습을 보이는 걸 보면 아이의 난폭성은 기질에서 기인한 것 같은 생각이 듭니다.

그러나 난폭한 아이들도 교육에 의해서 고쳐질 수 있기 때문에 기질적인 원인보다는 환경적인 원인으로 보는 것이 좋습니다. 더욱이 부모가 아이의 이러한 행동을 타고난 기질 때문이라고 생각하면 교정해 보려는 시도조차도 하지 않기 때문에, 되도록 환경 탓으로 돌리고 교정 가능한 것으로 인식하는 것이 바람직합니다.

환경적인 원인으로는 부모의 양육 방식을 들 수 있는데, 난폭한 아이를 만드는 부모의 양육 태도는 양극적인 양상을 띱니다. 즉 과잉 허용과 과잉 통제입니다. 너무 권위적인 부모 밑에서 지나치게 엄격하게 다루어질 경우 아이는 심리적으로 위축되고 기를 못 펴다가 밖에 나가면 대단히 공격적으로 변하는 경우가 있고, 아이의 기를 살리겠다고 아이 하는 대로 놔두면서 키워져 자신의 충동을 전혀 통제하지 못하는 아이가 되는 경우입니다. 때로는 부모에게 체벌을 받으면서 폭력의 방법을 학습한 경우도 있습니다.

예를 들어 항상 몽둥이로 매를 맞아온 아이는 다른 아이를 때릴 때 물건을 사용한다는 겁니다. 이 외에도 폭력적인 내용의 만화나 TV를 많이 본 아이, 또는 에너지가 넘쳐나는 아이, 부모의 불행한 결혼으로 상처를 받은 아이 등이 난폭한 아이가 되곤 합니다.

아이가 난폭한 행동을 보이는 구체적인 원인을 알기 위해서는 아이의 행동을 일주일 정도 자세히 관찰해 보아야 합니다. 난폭한 행동이 나오기 바로 전에 무슨 일이 있는지, 또는 폭력적인 행동 바로 다음에 무슨 일이 있는지를 기록하면서 관찰하셔야 합니다. 자기 뜻대로 되지 않을 때라든가 참았던 화가 폭발해서라든가 이유가 밝혀질 겁니다. 그러면 우선적으로 엄마가 해야 할 일은 폭력의 원인이 되는 상황을 되도록이면 줄여 주는 것입니다. 아이가 싫어하는 행동을 강압적으로 시키고 있다면 좋아하는 행동을 더 많이 하게 한다거나, 화가 나서 폭력을 휘두른다면 화를 참는 방법을 가르쳐 주셔야 합니다.

예를 들어 화가 나면 얼른 주먹을 꽉 쥐거나 두 손을 깍지 끼어 폭력을 휘두르고 싶은 충동을 자제하는 것입니다. 한 5초 동안 꽉 쥐었다

152

가 천천히 하나 둘 셋을 세면서 힘을 뺍니다. 또는 화가 났을 때 얼른 이빨을 꽉 무는 방법도 있습니다. 역시 한 5초 동안 꽉 물었다가 하나 둘 셋 하면서 서서히 힘을 뺍니다. 이 방법은 순간적으로 화를 삭이는 데 아주 효과적입니다. 이러한 과정을 아이에게 잘 설명해 주고 여러 번 따라하게 하면서 훈련을 시킵니다.

아이의 나쁜 행동을 바로잡기 위해서는 따끔하게 혼을 내줘야 한다고 생각하고 체벌을 하는 경우가 있는데 난폭한 아이의 행동을 고칠 때는 이 방법이 오히려 해가 됩니다. 난폭한 아이에게 소리 지르고 야단치고 때리는 방법을 쓰면 아이를 더욱 공격적으로 만들기 때문입니다. 그러나 공격적인 행동이 나올 때는 즉각적으로 중지를 시켜야 합니다. 이때 이용할 수 있는 방법 중 적절한 것이 '타임아웃 방법'입니다.

경기중에 '타임아웃'이라는 말과 함께 경기가 중단되는 걸 보셨을 겁니다. 이처럼 하던 행동을 중지시키는 것입니다. 타임아웃 방법은 체벌을 안 하면서 아이의 행동을 즉각적으로 중지시킬 수 있고, 무엇보다도 손님이 왔을 때나 밖에서도 시행할 수 있어 일관된 벌을 줄 수 있다는 커다란 이점이 있습니다. 알람시계를 이용할 수도 있지만 밖에서도 사용하기 위해서는 휴대용 타이머가 좋습니다.

41 '타임아웃'과 함께
좋은 행동을 하면 보상을 한다

타임아웃 방법을 행할 때 알아두어야 할 사항이 있습니다.

아이가 화를 내며 물건을 집어던지는 행동을 하면 엄마는 그 즉시 타임아웃을 부릅니다. 나이가 어릴수록 즉시 불러야 합니다. "너는 물건을 집어던졌으니까 타임아웃이야.", "의자에 앉아라." 하고 단호하게 말합니다. 절대로 화를 내거나 야단을 쳐서는 안 됩니다.

아이가 의자에 앉으면 1m쯤 떨어진 곳에 시간을 맞춘 타이머를 놓습니다. 타임아웃 시간은 연령에 따라 다르게 하는데 4세의 경우는 4분, 6세의 경우는 6분으로 한 살에 1분으로 하면 됩니다. 의자에 앉지 않고 반항을 하면 엄마가 억지로라도 앉혀서 움직이지 못하게 1~2분 동안 어깨와 팔을 잡고 꽉 누릅니다. 만약 말을 듣지 않으면 타임아웃 시간을 늘리겠다고 하십시오.

시간이 되어 타이머가 울리면 아이는 타이머를 가지고 엄마에게 옵니다. 그러면 엄마는 왜 타임아웃을 시켰는지 아이에게 묻습니다. 물건을 던져서 그랬다고 하면 동의만 해줍니다. 잘못했다고 빌라든지 다음부터 안 그런다고 약속하라든지 하는 말은 하지 마십시오. 이때까지 아이가 계속 화가 나 있어도 무시해 버리십시오.

이와 같은 타임아웃의 과정을 아이에게 잘 설명해 주고 이해를 돕기 위해서 엄마가 시범을 보이는 것도 좋습니다. 난폭한 행동이 나올 때마다 타임아웃을 시키면 행동이 눈에 띄게 변화되는 것을 볼 수 있습니다.

타임아웃은 일종의 벌입니다. 벌만 줄 것이 아니라 좋은 행동을 하면 보상을 주는 것도 같이 행해져야 합니다. 매일 저녁 때 아이와 대화를 나누십시오. 오늘 하루 동안 난폭한 행동을 얼마나 많이 했는지 얘기해 보고 한 번도 하지 않은 날은 별표를 세 개, 한 번이나 두 번 정도 한 날은 별표를 한 개, 세 번 이상 한 날은 별표를 주지 않습니다. 그래서 일요일 밤에 일주일 동안 몇 개의 별표를 받았는지 조사해서 별표 수에 따라 보상을 줍니다. 보상으로 무엇을 해줄 것인가는 미리 아이와 상의해 결정하십시오. 그래서 아이가 가장 원하는 것을 보상물로 정합니다.

예를 들어 별표가 20개면 장난감 사주는 것을 보상으로 정합니다. 현재 별표가 몇 개나 모였는가를 아이가 수시로 점검할 수 있도록 8절지 정도의 종이에 표를 만들어 놓고 날마다 별표 스티커를 붙여 줍니다. 이 표를 붙여 놓는 곳은 아이의 눈에 잘 띄는 곳도 좋고, 화장실 벽에 붙여 놓는 것도 효과적입니다. 화장실은 집중하기 좋은 장소이므로 변기에 앉아서 별표의 수와 보상물을 생각하며 좋은 행동을 해야겠다는 다짐을 스스로 할 수 있기 때문입니다.

화를 낸다는 것은 감정의 문제이므로 누구나 화를 낼 수 있습니다. 난폭한 아이는 자신의 감정을 표현하는 것이 서툴기 때문에 의사 소통의 수단으로 말 대신 폭력을 사용하는 것입니다. 그렇기 때문에 난폭한 행동은 아이의 인지 능력과 상관이 있습니다. 지적인 능력이 뒤떨어지는 아이에게서 난폭한 행동이 자주 나타나는 것도 이와 같은 이유 때문입니다. 그러므로 난폭한 행동은 야단칠 대상이 아니라 가르쳐야 할 대상이라는 인식을 부모들이 가져야 합니다. 화를 말로써 삭이는 법이나 대인 관계의 기술 같은 것을 집에서 꾸준히 학습시키는 것이 필요합니다.

난폭한 아이들의 심리 상태를 보면 적극적이고 충동적인 경우도 있지만 의외로 위축되어 있고 불안을 느끼거나 우울해 있는 경우가 많습니다. 그러므로 아이의 마음속에 안정감이나 행복감을 채워 주려는 부모의 노력이 요구됩니다. 난폭한 행동이 아닌 말을 통해서 욕구 불만을 발산하도록 평소에 아이의 말에 귀를 기울여 주는 태도가 필요합니다. 특히 밤에 잘 때 10분만이라도 아이에게 책을 읽어 주거나 하시면 좋습니다. 그렇지 못할 경우는 자기 전에 꼬옥 안아 주고 뽀뽀해 주는 것도 좋습니다.

다시 한 번 명심해야 할 것은 부모가 화난 상태에서는 절대로 야단을 쳐서는 안 된다는 것입니다. 부모가 화났다는 것은 이미 야단칠 자격을 잃은 것입니다. 엄마 스스로도 화가 날 때 순간적으로 벗어날 수 있는 방법을 찾아보도록 합니다. 예를 들어 화가 치밀어 오르면 그 즉시 셋까지 세는 겁니다. 화를 가라앉히는 데 효과적입니다.

강한 아이 만들기

부모가 화난 상태에서는 절대로 야단을 쳐서는 안 됩니다. 부모가 화났다는 것은 이미 야단칠 자격을 잃은 것입니다.

42 아이가 징징대며 말할 때는 무관심하는 것이 좋다

어릴 때의 나쁜 언어 습관은 커서까지도 남아 있을 수 있기 때문에 일찍부터 바로잡아 줘야 합니다.

요즈음 아이들은 공부에 대한 중압감 때문인지 불안이 많이 쌓여 있어 사소한 일에도 쉽게 화를 내거나 과격해지곤 합니다. 나쁜 언어 습관에는 징징대면서 말하는 버릇이나 거친 욕을 많이 하는 것을 들 수 있습니다.

징징대며 말할 때는 무관심한 것이 가장 좋습니다. 어떤 때는 무관심하다가 어떤 때는 시끄럽고 귀찮아서 아이의 요구를 들어준다든가 하면 아이의 행동은 결코 고쳐지지 않습니다. 그러나 무관심하기만 하면 아이의 욕구 불만이 쌓일 수 있으므로 평소에 똑똑하게 말하는 방법을 훈련시켜서 말하는 습관을 고쳐 보도록 합니다. 아이가 편안한 상태에 있을 때 가르쳐 주는 게 좋습니다.

엄마에게 무엇을 요구할 때, "엄마 무엇 무엇을 주세요", 또는 "~ 이 하고 싶어요" 등의 문구를 따라하게 하면서 계속적으로 연습을 시킵니다. 훈련이 된 후에는 아이가 들어줄 수 없는 요구를 하더라도 똑똑한 말투로 얘기하면 그 말투에 대해서는 칭찬을 해주고 들어줄 수 없는 이유를 설명해 줍니다.

다음은 욕을 잘하는 경우입니다.

욕을 하는 경우는 습관적으로 별 뜻 없이 하는 경우가 있고 화가 난 상태에서 욕을 하는 경우가 있습니다. 먼저 습관적으로 하는 아이의 경우는 우선 엄마가 아이의 욕하는 행동을 며칠 동안 관찰해서 언제 어떤 욕을 가장 많이 하는지 기록해 놓습니다. 다음에는 아이와 계약을 합니다. 이를테면 하루에 다섯 번 이상 욕을 하면 그날은 TV를 못 보게 하는 겁니다.

처음 시작할 때는 아이가 가장 자주 하는 욕을 한 가지만 정해 놓고 그 욕이 나올 때마다 스티커를 TV 화면에 붙여 놓습니다. 이때 주의하셔야 할 것은 현재 교정 대상이 된 욕에 대해서만 스티커를 붙이고 다른 욕에 대해서는 무관심해야 한다는 것입니다.

저녁에 TV를 볼 시간이 됐을 때 TV에 스티커가 5장 이상 붙어 있으면 그날은 TV를 볼 수가 없습니다. 이렇게 한 닷새 정도 계속하다가 욕이 좀 줄어든 것 같으면 이제는 두 장 이상 스티커가 붙어 있을 때 TV를 못 보게 한다든가 해서 점차 스티커 매수를 줄여 갑니다. 이와 마찬가지로 욕의 종류도 처음에는 한 가지만 정해 놓다가 두 개 또는 세 개로 늘려 가면서 마지막에는 욕이란 욕은 모두 스티커의 대상이 되게 합니다.

또한 화가 날 때만 욕을 하는 아이가 있습니다.

이런 아이에게는 화가 났을 때 욕을 하지 않고 화를 내는 방법을 구체적으로 가르쳐 줍니다. 예를 들어 "나 지금 화났어" "난 네가 그렇게 행동하는 것이 싫어" 등등 욕 대신 할 수 있는 표현법을 만들어 연습시킵니다.

또 한 가지 화를 삭일 수 있는 방법으로 '근육 이완법'을 가르쳐 주는 것도 좋습니다. 근육 이완법이란 우리 인간의 근육이 다 풀려서 이완됐을 때에는 정신적으로도 편해지기 때문에 분노나 공포, 불안 등을 느끼지 않는다는 원리입니다. 근육을 강하게 긴장시켰다가 3~4초 후에 서서히 긴장을 푸는 방법인데, 예를 들어 팔을 쭉 뻗고 주먹을 꽉 쥔 채로 3~4초 동안 있다가 서서히 긴장을 풀어 갑니다. 이런 식으로 우리의 신체 부위를 하나씩 하나씩 이완시키는 방법입니다. 아이가 화가 나서 욕을 하고 싶을 때마다 간단하게 자신의 근육을 이완시켜 화를 삭이면 욕하는 횟수가 현저히 줄게 됩니다.

아이가 화를 내고 과격해져도 엄마는 같이 화를 내며 거친 말로 위협하거나 매로 다스리려고 하지 마십시오. 그럴 경우 아이에게 반항심을 갖게 할 수도 있고 부모의 말투나 행동을 그대로 학습시킬 수도 있습니다. 절대로 같이 화내거나 소리를 지르는 행동은 하지 말아야 합니다. 정한 대로 조용히 스티커를 붙여 놓으시면 됩니다.

아이의 좋지 않은 언어 습관을 고치겠다는 다짐을 하셨다면 매일 매일 지금까지의 과정을 꼭 실행해야 합니다. 엄마가 귀찮더라도 한달 간만이라도 실행해 보십시오. 습관을 고치는 것은 그렇게 쉬운 일이 아닙니다. 엄마가 부지런해야 합니다. 특히 아이의 나쁜 언어 습관은 부모로부터 배운 경우가 많기 때문에 평소에 어른들이 모범적인 언어 습관을 보여 주는 것이 무엇보다도 중요합니다.

징징대며 말할 때는 무관심한 것이 가장 좋습니다. 어떤 때는 무관심하다가 어떤 때는 시끄럽고 귀찮아서 아이의 요구를 들어준다든가 하면 아이의 행동은 결코 고쳐지지 않습니다.

43 아이의 자존심을 상하지 않고 행동을 변화시키는 방법

아이를 키우다 보면 마음에 안 드는 행동이 많이 보입니다. 엄마가 끊임없이 잔소리를 해도 잘 고쳐지지 않습니다.

아이들의 나쁜 행동 습관이 잘 고쳐지지 않는 이유에는 여러 가지가 있겠지만 엄마의 잔소리가 문제되는 경우가 많습니다. 엄마의 잔소리는 대개가 아이를 비난하는 성격을 띠고 있기 때문에 아이의 잘못된 행동을 건설적으로 지적해 주기 위한 좋은 방법이 될 수 없습니다.

누구나 어렸을 때 부모로부터 혼이 나면 기분이 나빠 잘하고 싶은 생각이 싹 달아나곤 했습니다. 아이에게 비판을 하면 분노와 반항이 생기게 됩니다. 분노와 반항이 일면 뭔가 잘해보겠다는 생각이 절대로 들지 않습니다. "너는 왜 그 모양이니? 그럴 줄 알았다. 네가 하는 일이 다 그렇지. 몇 번이나 말해야 되겠니?" 등의 비판조나 훈계조의 말은 삼가도록 노력하셔야 합니다.

　다음은 아이의 자존심을 상하게 하지 않고 아이의 행동을 변화시키는 방법입니다.

첫째, 아이의 부담감을 이해하고 공감해 주어야 합니다.

　아이가 해야 할 과제들이 아주 쉬운 일이라고 생각하시는데 이것은 어른의 기준에서 볼 때만 그렇습니다. 사실 요즈음 아이들은 엄마들이 자랄 때보다 훨씬 힘든 삶을 살고 있습니다. 학원도 여러 곳을 가야 하고 숙제도 해야 하고 학습지도 풀어야 하고 할 일이 보통 많은 게 아닙니다. 학습지 같은 것도 밀리는 것을 보면 답답해 보입니다. 이럴 때 "하루에 한 쪽씩만 풀면 되는데 뭐가 어려워서 밀리는 거니?"라고 야단치지 말고 이렇게 말해 보세요.

　"학교에서도 문제를 풀었는데 집에 와서도 또 문제를 풀어야 되니 힘들지? 엄마라도 마찬가지일 거야. 그러나 네가 잘 모르는 부분을 보충하는 방법이니까 열심히 해봐, 도움이 될 거야."

　이렇게 아이의 마음을 이해하고 공감해 주면 지겨운 문제 풀이가 덜 지겨워질 수도 있습니다.

둘째, 해야 할 행동만 지적하고 아이 자체를 비난하지는 말아야 합니다.

　준비물을 잊어버리고 학교에 갔다면 "준비물 준비는 자기 전에 해놓는 것이 좋다"라고 말해 줍니다. "그럴 줄 알았어. 넌 왜 그렇게 덜렁 대니?"처럼 아이를 비난하는 말은 하지 말아야 합니다. 이러한 비판조 의 말은 아이의 기분을 상하게 할 뿐만 아니라 아이 스스로도 "그래 나 는 이런 아이야" 하면서 부정적인 낙인을 찍는 결과를 초래합니다. 그 다음부터는 스스로 형성한 부정적 자화상에 맞는 행동만 하기 때문에 계속적으로 좋지 않은 행동을 하게 됩니다.

셋째, 자신의 행동 결과를 경험하게 합니다.

주변 정리를 잘 못해서 항상 허둥지둥 물건을 찾는 아이가 있습니 다. 이럴 때 아이에게 잔소리를 하지 말고 필요한 물건을 찾기 어려운 것은 평소에 제자리에 놓지 않기 때문이라는 것을 스스로 터득하게 해 주어야 합니다. 학교 갈 시간이 임박해서 준비물을 찾느라고 허둥대도 그냥 놔 두고 도와주지 말아야 합니다. 결국 찾지 못하고 학교에 가서 선생님께 꾸중을 듣게 되면, 아이는 평소에 정리를 하지 않았기 때문 에, 또는 미리 준비를 하지 않았기 때문이라는 것을 깨닫게 됩니다. 이 렇게 자신의 행동 결과에 대한 경험을 해보아야만 스스로 문제를 해결 하는 방법을 배우게 됩니다.

넷째, 재미있는 쪽지를 써주는 것도 한 가지 방법입니다.

집에 돌아오면 책가방 던지고 옷 던지고 하는 아이에게 쪽지를 써줍 니다. "주인님께. 제발 나를 던지지 말고 옷걸이에 걸어 주세요. 당신의 옷으로부터." 또는 "아파요! 제발 나를 던지지 마세요. 당신의 책가방으로부터." 이러한 유머가 있는 짧은 쪽지가 의외로 아이의 행동을 변화시킬 수 있습니다.

다섯째, 칭찬을 해주려고 노력하셔야 합니다.

잘못된 행동 하나하나를 지적하고 잔소리하는 것보다 바람직한 행동에 대해 칭찬을 해주는 것이 더 효과적입니다. 칭찬을 들으면 바람직한 행동을 더 많이 하게 되어 상대적으로 잘못된 행동들이 줄어듭니다. 칭찬을 할 때는 구체적으로 설명하면서 해주어야 합니다.

밖에서 놀다가 엄마와 약속한 시간에 들어왔다면 "참 착하구나"라고 막연히 칭찬하지 말고 "엄마와 약속한 시간에 맞춰 들어왔구나, 참 착하다"라고 해서 바람직한 행동이 칭찬을 받는다는 것을 확인시켜 줘야 합니다.

자녀 교육의 기본 수칙은 칭찬을 아끼지 않는 것입니다. 대부분의 부모들이 이것을 알면서도 지키지 못하는 것은, 잘하는 행동은 눈에 들어오지 않고 잘못하는 행동만 눈에 띄기 때문입니다. 당연히 해야 할 행동을 했을 때도 칭찬하도록 노력하셔야 합니다.

오늘부터라도 '하루에 한 번 칭찬하기'를 실천해 보세요. 매일 아이가 하는 행동, 그것이 사소하고 중요하지 않은 것이라도 그 중에서 잘한 일을 한 가지씩 찾아서 칭찬해 주는 겁니다.

엄마가 항상 아이를 칭찬하기 위한 행동을 찾으려고 한다면 엄마의 눈에 아이의 나쁜 행동들은 잘 들어오지 않습니다. 따라서 아이를 비판하거나 비난하지 않게 되면 아이의 자기 존중감은 높아지고 좋지 않은 행동은 점차 사라질 것입니다.

강한 아이 만들기

칭찬을 할 때는 구체적으로 설명하면서 해주어야 합니다. 밖에서 놀다가 엄마와 약속한 시간에 들어왔다면 "참 착하구나"라고 막연히 칭찬하지 말고 "엄마와 약속한 시간에 맞춰 들어왔구나, 참 착하다"라고 바람직한 행동이 칭찬을 받는다는 것을 확인시켜 줘야 합니다.

44 거짓말한 것을 정직하게 고백하면
먼저 칭찬을 해준다

아이들이 거짓말을 하는 원인은 다양합니다. 그리고 누구나 한두 번씩은 거짓말을 합니다. 유아기 때는 이야기를 꾸며대느라고 거짓말을 하게 됩니다. 현실과 비현실을 구별하지 못하고 상상의 세계를 현실인 것처럼 말을 꾸밉니다. 이러한 거짓말은 창의력의 연장일 수 있기 때문에 문제가 되지 않습니다.

그러나 초등학교 이후에 나타나는 거짓말은 대개가 어떤 목적을 위한 수단으로 사용하는 경우가 대부분입니다. 때로는 아이 자신도 거짓말이 나쁘다는 것을 알고 있으면서도 습관화가 되어 스스로 통제 불가능한 상태가 되기도 합니다.

아이의 만성적인 거짓말은 부모의 태도 여하에 달려 있다고 해도 과언이 아닙니다. 거짓말을 하면 어떤 이득을 얻는다라는 것이 계속적으로 학습되면 거짓말은 결코 고쳐질 수 없습니다. 그러므로 부모는 아이가 거짓말을 함으로써 뭔가를 얻지 못하게 해야 합니다. 예를 들어 오락실이나 만화가게를 출입하는 아이들은 학용품을 산다고 속이면서 돈을 달라고 합니다. 이럴 경우 돈만 주는 부모가 있고, "오늘 산 학용품은 어떤 거니?" 하면서 자연스럽게 확인하는 부모가 있습니다. 이 둘 사이에는 아이의 거짓말 행동을 조장하는 면에서 분명히 차이가 있습니다.

아이들의 거짓말 유형은 크게 두 가지로 나눌 수 있습니다. 첫 번째 유형은 소원 충족의 거짓말인데, 자신의 열등감을 만회하기 위해서 거짓말을 합니다. 예를 들어 우리집이 부자였으면 좋겠는데 그렇지 못할 경우 친구들에게 자기 집이 부자라는 거짓말을 할 수 있고, 자기가 힘이 세었으면 좋겠는데 그렇지 못할 경우, 얻어맞았어도 싸움에서 이겼다고 거짓말을 합니다. 이럴 경우 엄마는 즉각적으로 반박하지 마시고 아이의 마음을 이해하고 있다는 태도를 보여야 합니다.

다음은 벌을 피하기 위한 수단으로 거짓말을 하는 경우인데 가장 흔하게 나타나는 유형입니다. 성적을 속인다든지, 숙제를 다했다고 속인다든지, 오락실에 몰래 간다든지 하는 거짓말은 엄마에게 야단 맞을까봐 두려워서 하는 거짓말입니다. 이럴 경우, 너무 지나치게 야단을 쳐서 아이를 궁지로 몰면 이 순간을 모면하기 위해 또 새로운 거짓말을 하게 됩니다. 거짓말이 거짓말을 낳게 되면서 거짓말이 습관성이 될 수가 있습니다.

그러므로 아이가 거짓말을 할 경우, 왜 아이가 거짓말을 할까에 대해 생각해 봅니다. 성적을 속이는 경우에는 엄마의 기대치가 너무 높은 것은 아닌지 생각해 보고, 아이 성적에 대한 평소의 태도를 바꿔 보도록 합니다. 많이 오르지 않더라도 조금이라도 성적이 오르면 충분히 칭찬을 해주시고, 전체 평균이 떨어졌을지라도 한 과목이라도 오른 과목이 있으면 격려해 주셔야 합니다. 오죽하면 성적을 속일 수밖에 없을까 라는 생각으로 아이의 심정을 헤아려 주셔야 합니다.

또한 아이들은 숙제하는 데서도 거짓말을 많이 합니다. 숙제를 안하고도 했다고 한다든가, 전과를 베낀다든가 하면서 엄마를 속입니다. 이때도 이러한 행동이 나오지 않도록 미리 배려를 해주는 것이 필요합니다. 숙제가 힘겨워서 거짓말을 하는 아이에게는 "모르는 것이 있으면 언제든지 물어봐도 좋다"고 얘기해 줍니다. 그래서 엄마가 도와주는 시간을 조금 더 늘리도록 합니다.

전과를 베낀다든지, 해답을 베낀다든지 하는 것도 미리 방지할 수가 있습니다. 전과를 사면 과목별로 나누어 철해 놓고 수학 과목같이 베껴서는 안 되는 과목은 엄마가 보관해 놓는 것이 좋습니다. 문제집도 해답은 뜯어서 엄마가 보관했다가 다 풀고 나면 맞추어 보도록 합니다.

만화가게나 오락실 출입 때문에도 많은 아이들이 거짓말을 합니다. 무조건 못 가게 하는 것은 거짓말을 조장하는 것밖에는 안 됩니다. 이럴 때 엄마가 대처하는 방법에는 두 가지가 있습니다. 하나는 집에서 컴퓨터 게임을 할 수 있게 허용해 준다거나 만화책을 빌려 온다거나 하는 방법이고, 또 하나는 어느 정도는 허용하되, 단 엄마와 약속한 한

도에서만 출입을 하게 하는 것입니다. 계속적으로 아이가 거짓말을 하는 것보다 하루에 한 시간 정도 허용하는 것이 더 낫습니다.

마지막으로 정직하게 고백을 하면 절대로 야단 맞지 않고 도리어 칭찬받는다는 인식을 아이에게 심어 줍니다. 나쁜 행동을 했더라도 거짓말하지 않고 엄마에게 정직하게 이야기하면 먼저 칭찬을 해주고 나서 나쁜 행동에 대해 언급해야 합니다.

강한 아이 만들기

거짓말을 하면 어떤 이득을 얻는다라는 것이 계속적으로 학습되면 거짓말은 결코 고쳐질 수 없습니다. 그러므로 부모는 아이가 거짓말을 함으로써 뭔가를 얻지 못하게 해야 합니다.

45 친구 집에서 물건을
집어왔을 때는 꼭 도로 갖다주도록 시킨다

"남의 물건을 훔치는 것은 나쁜 것이다"
와 같은 도덕성 판단은 태어날 때부터 가지고 태어나는 것이 아니라 4
~5세경부터 부모나 선생님으로부터 배워가는 것입니다. 그러므로 도
덕적 판단 능력이 아직 갖추어지지 않은 아이가 유치원이나 남의 집에
서 조그마한 물건을 집어오는 행동을 도둑질이라고 할 수는 없습니다.
아이들이 새로운 물건을 보면 호기심을 갖게 되고 만져 보고 싶어하고
가지고 놀고 싶어하는 것은 당연한 일입니다. 그렇기 때문에 유아의
경우에는 진정한 의미에서의 도둑질이란 없다고 봅니다.

그러나 물건을 집어왔는데 아무런 제재를 받지 않을 경우 습관화될
수 있기 때문에 엄마의 적절한 교육이 필요합니다. 대부분의 엄마들이
지나치게 도덕 교육을 강조해, 처음 발견했을 때 확실히 뿌리를 뽑아
야 한다고 생각하고는 심하게 야단치고 때리고 할 경우가 있습니다.

이럴 경우 아이의 자존심을 다치게 할 뿐만 아니라 "나는 나쁜 아이다"라는 좋지 않은 자아상을 심어 줄 수가 있습니다.

4~5세 아이들이 남의 물건을 집어 오는 것은 그 행동이 나쁜 행동이라는 것을 모르고 한 것이기 때문에 야단칠 일이 아니라 가르쳐야 할 일입니다. 도덕 교육을 시킬 좋은 기회인 것입니다.

우선 어디서 어떻게 가져오게 됐는지 자초지종을 들어보십시오. 절대 윽박지르지 말고 다그쳐서도 안 됩니다. 그런 다음 무엇이 잘못된 것이라는 것을 설명해 주셔야 합니다.

예를 들어 친구집에서 자동차 놀이를 하다가 빨간 자동차가 가지고 싶어서 가져 왔다고 합시다. 이때 자동차 놀이를 한 것도 잘한 일이고, 마음에 드는 것 하나만을 택한 것도 잘한 일입니다. 단지 친구의 허락 없이 들고 온 것이 잘못된 것입니다. 그러므로 친구의 물건을 가지고 싶을 때 빌리는 방법을 엄마가 가르쳐 주셔야 합니다.

민호라는 친구의 물건이 갖고 싶다면 "민호야. 이 자동차 하루만 빌려줄래? 고맙다" 이 말을 여러 번 따라해 보게 하고 혼자서 해보게 합니다. 여러 번 반복해서 완전히 익히게 해야 합니다.

그 다음에는 실행에 옮겨 보도록 합니다. 이때 미리 엄마가 민호한테 가서 우리 아이가 빌려 달라고 하면 빌려 주라고 부탁해 놓으십시오. 그러면 아이는 자기가 배운 방법을 써보게 되고 또 성공의 경험도 맛보게 됩니다. 성공의 경험이 많을수록 빌리는 방법을 완전히 몸에 익히게 되는 겁니다.

그런데 요즈음 아이들 중엔 친구가 빌려 달라고 해도 잘 빌려 주지 않는 경우가 많습니다. 이럴 때를 대비해서 거절당할 때의 경우도 가르쳐 주셔야 합니다. "그래 알았어. 다음 번에 네가 가지고 놀지 않을 때 빌려주면 안 되니? 그래주면 고맙겠다" 같은 문구를 여러 번 따라하게 해서 익히게 합시다.

아이가 물건을 집어 왔을 때 꼭 지켜야 할 것은 주인에게 도로 갖다 주기입니다. 망가뜨렸을 경우는 엄마가 물어주되 엄마에게 꼭 갚도록 합시다. 예를 들어 현관의 신발 정리를 할 때마다 얼마씩 주고 그 돈을 모아서 엄마에게 갚도록 하는 것입니다. 이것은 상당히 중요한 것입니다. 왜냐하면 자기의 잘못된 행동에 대해서는 책임을 져야 한다는 것을 어릴 때부터 꼭 심어 주어야 하기 때문입니다.

유아의 경우 90% 이상이 훔친 경험을 가지고 있다고 합니다. 그렇기 때문에 엄마의 지나친 과민 반응은 좋지 않습니다. 그러나 정서적인 불안이나 불만이 원인일 수도 있기 때문에 아이를 너무 방치하고 있지는 않나, 엄마의 따뜻한 사랑이 부족하지는 않나 하는 것들을 항상 생각해 보셔야 합니다.

강한 아이 만들기

> 4~5세 아이들이 남의 물건을 집어 오는 것은 그 행동이 나쁜 행동이라는 것을 모르고 한 것이기 때문에 야단칠 일이 아니라 가르쳐야 할 일입니다. 도덕 교육을 시킬 좋은 기회인 것입니다.

46 훔치는 행동은
애정결핍과 욕구불만의 신호

6~7세 이후의 아이가 습관적으로 훔치는 경우입니다. 남의 물건을 훔치는 것은 나쁘다라는 것을 알고 있고, 어느 정도의 선악의 판단도 할 수 있는 나이에 습관적으로 훔치는 아이는 충동 조절이 안 되는 경우와 소유 개념이 희박한 경우를 들 수 있습니다.

보통의 아이들은 탐나는 물건이 있을 때 가지고 싶다는 욕구가 있어도 이내 훔쳐서는 안 된다는 생각이 들기 때문에 자신의 욕구를 통제할 수가 있습니다. 그런데 충동적인 아이들은 생각보다 행동이 앞서기 때문에 사신의 행동을 봉제할 수가 없습니다. 어떤 아이는 훔치려는 생각이 들면 가슴이 뛰고 긴장이 고조됩니다. 이 상태에서는 자신을 조절하는 것이 불가능합니다.

그러나 물건을 일단 손에 넣게 되면 흥분 상태가 가라앉고 편안해짐니다. 그렇기 때문에 그 물건이 꼭 필요하지도 않으면서 훔칠 때의 흥분을 맛보기 위해서 훔치는 행동을 계속하는 경우도 있습니다. 소위 스릴을 맛보기 위한 것입니다.

충동을 조절하지 못해서 훔치는 경우에는 엄마가 아이와 진지하게 대화를 나누십시오. 절대 큰 소리로 야단치지 마시고 엄마가 네 마음을 이해한다는 것을 알려줍니다.

"그 물건이 무척 가지고 싶었나 보구나. 남의 물건을 가져서는 안된다는 것을 미처 생각하지 못했나 보지? 엄마가 도와줄게. 잘 들어봐라. 탐나는 물건이 있을 때 훔치고 싶은 생각이 들면 얼른 주먹에 힘을 불끈 쥐는 거야. 하나, 둘, 셋, 하면서. 그리고는 다시 하나, 둘, 셋, 하면서 힘을 빼고 주먹을 펴면 돼. 이렇게 훔칠 마음이 들 때마다 주먹에 힘을 주고 힘을 빼고 하면 훔치고 싶은 생각을 가라앉힐 수 있단다. 우리 한번 해보자. 하나, 둘, 셋, 힘주고, 하나, 둘, 셋, 힘 빼고."

이러한 일련의 행동이 즉시 자동적으로 나올 수 있도록 훈련을 반복적으로 시켜야 합니다. 어떠한 행동이든 그 행동이 자동화되면 의식하지 않고도 필요한 상황에서 즉각적으로 나오게 되기 때문에 반복 훈련이 중요합니다.

2~3일 후에 아이에게 훈련이 됐는가 확인하기 위해서 집안에 돈을 몇 군데 흘려 놓습니다. 이 방법을 사용하기 위해서는 평소에 집안의 돈 관리를 철저히 하셔야 합니다. 돈이 없어지면 아이에게 추궁을 하는데, 일단 정직하게 털어놓으면 정직한 행동에 대해서는 칭찬해 주고 돈을 돌

려달라고 합니다. 아이가 돈을 이미 써버렸을 때는 노력 봉사 등을 통해서 자신의 행동에 대한 책임을 반드시 지게 하셔야 합니다.

다음에 소유 개념이 덜 발달되어서 훔치는 아이는 어릴 때부터 원하기만 하면 항상 가질 수 있었던 아이, 즉 무조건적으로 들어 주었던 부모 밑에서 자란 아이일 경우가 많습니다. 내가 원하는 것은 그것이 다른 사람에게 중요한 것이든 말든 가져야 된다고 생각하는 것입니다. 그렇기 때문에 남의 물건을 가지고 싶을 때는 허락을 받아야 한다는 것을 아주 어릴 때부터 훈련시키는 것이 중요합니다.

이밖에도 친구의 관심을 끌기 위해서 훔치는 경우가 있습니다. 친구들에게 관심을 끌기 위해 처음에는 자기 물건을 주다가 다음에는 집의 물건을 들고 나와 나누어 주고, 부모가 야단치면 집 밖에서 훔쳐서 줍니다. 이런 아이는 열등감이 많은 아이, 친구로부터 고립되어 있는 아이일 경우가 많습니다. 이럴 때는 엄마와 솔직한 대화를 하도록 유도합니다. "너의 심정을 충분히 이해한다"고 말해 주고 다른 좋은 방법이 있는지 아이와 상의해 봅니다.

다음은 계획적인 도둑질로서 부모에게 복수하기 위해서 또는 나쁜 친구들과 어울려서 하는 행동입니다. 부모가 너무 냉정하고 무관심하면 복수의 표현으로 계획적인 도둑질을 할 수 있습니다. 이럴 때는 부모의 따뜻한 사랑이 절대적으로 필요합니다. 아이가 자신의 집안에서 꼭 필요한 사람이라는 것을 심어 주셔야 합니다. 일정한 양의 집안 일을 아이 몫으로 정해 주는 것도 좋은 방법입니다.

훔치는 행동은 대부분 애정 결핍과 욕구불만의 신호입니다.

편애를 하고 있지는 않은지, 혹은 아이가 혼자 있는 시간이 너무 많지는 않은지, 아이가 무엇을 가지고 싶어하는지를 평소에 잘 살펴봐야 합니다.

요즈음은 아이들이 탐낼 물건들이 참 많습니다. 그렇다고 아이들이 원할 때마다 사주어서는 안 됩니다. 무조건적으로 사주지 말고 착한 행동을 했을 경우의 보상으로 사주는 게 좋습니다. 그러나 정도가 심하거나 훔치는 원인이 정신적인 불안이나 갈등에 있다고 생각되면 소아정신과 전문의사의 상담을 받는 것이 좋습니다.

초등학교 고학년 아이들의 도벽은 어린아이들의 경우보다 그 폐해가 크기 때문에 보다 더 세심한 주의가 요청됩니다. 무엇보다도 훔치는 행동이 나타나지 않도록 주위 환경을 조성해 주는 것이 중요합니다. 많은 돈이 들어 있는 엄마의 지갑이 집안에 굴러다닌다든가, 아이 연령에 비해 터무니없이 적게 용돈을 준다든가 하는 것은 아이의 도벽을 조장하는 결과를 초래합니다.

항상 엄마의 지갑 속에는 일정한 액수의 돈만을 넣어두고 수시로 아이 보는 앞에서 돈을 세어 보는 모습을 보입니다. 엄마가 매일 가계부를 쓰는 것도 지갑의 돈을 점검할 수 있어서 도움이 됩니다.

도벽을 고친 엄마들의 체험담을 들어보면, 아이를 진정으로 사랑하고 도벽에 대해서 진심으로 걱정하는 모습을 보인 경우가 많습니다. 아이가 저지른 행위에 대해 뒷처리를 완벽히 해준 후에 아이를 끌어안

고 눈물을 흘리며 너를 사랑한다는 마음을 전했더니 더 이상의 재발이
없었다는 엄마들의 이야기였습니다.

강한 아이 만들기

항상 엄마의 지갑 속에는 일정한 액수의 돈만을 넣어두고 수시로
아이 보는 앞에서 돈을 세어 보는 모습을 보입니다. 엄마가 매일
가계부를 쓰는 것도 지갑의 돈을 점검할 수 있어서 도움이 됩니다.

47 형제간의 싸움에서 부모가 반드시 지켜야 할 것은 공정성

아동이 경험하는 중요한 인간 관계로는 부모 자녀 관계, 또래 관계, 형제 자매 관계의 세 가지 관계를 들 수 있습니다. 이중 형제 자매 관계는 형제 자매 중 한 사람의 출생과 함께 시작하고 한 사람이 사망해서야 끝나는 영속적으로 지속되는 관계라는 점에서 중요한 인간 관계입니다.

형제 자매들은 서로에 대해 애정을 갖고 친밀하게 온정적으로 돕기도 하지만, 서로에게 자신의 권력을 행사하기도 하고 질투심과 경쟁심을 보이면서 싸우기도 합니다. 이러한 여러 가지 속성을 가진 형제 자매의 관계 속에서 아동들은 부모가 제공할 수 없는 다른 측면에서의 정서적, 지적, 사회적 행동의 기반을 다져 가게 됩니다.

아동은 형제 자매 관계를 통해 다른 아이에 대한 인식, 집단적 소속감, 연대감을 획득하며 대인 관계의 기초가 되는 협동, 방어, 갈등, 경쟁의 원리를 학습할 수 있습니다. 그러므로 형제 자매 관계는 긍정적 관계이든 부정적 관계이든 아동의 성장, 발달에 중요한 역할을 하는 것입니다.

"형제 자매간의 싸움을 피할 수 있는 가장 확실하고 유일한 방법은 아이를 하나만 낳는 것이다." "아이들은 싸우면서 큰다." 이런 말들이 보여주듯이 형제 자매간의 싸움은 불가피하고 당연한 것입니다. 그러나 요즈음 아이들의 싸움은 전보다 훨씬 치열해져 부모들이 고통스러워할 정도입니다.

그러므로 형제 자매간의 싸움을 정상적인 것으로 인정한다 할지라도 형제 자매간의 갈등이 왜 일어나는가 하는 원인 파악과 그에 따른 적절한 대처 방법을 알아보는 것이 필요합니다.

아이들의 싸움에서 부모가 반드시 지켜야 할 것은 공정성입니다. 편애를 하는 부모는 공정한 중재자가 될 수 없습니다.

최근 많은 연구들에서 나타난 결과를 보면, 부모의 차별 행동에 의해 형제 자매간의 갈등과 경쟁심이 더 깊어진다고 합니다. 아이들 각각의 기질의 차이를 우열의 차이로 보는 한 부모의 차별 행동은 지속될 수밖에 없고 이것은 형제 자매간의 싸움을 일으키는 요인이 됩니다.

48 신체적 위험이 없는 싸움에는 부모가 개입하지 않는다

형제 자매간에 갈등을 보이면 엄마로서 여간 신경쓰이는 게 아닙니다. 그럴 때 대처하는 방법입니다.

우선 싸움의 유형을 파악해야 합니다.

문제 해결을 위해서는 문제의 양상을 파악하는 것이 우선입니다. 아이들의 싸움의 양상을 알아보기 위해서 싸움 일지를 기록해 봅니다. 언제 싸우는지, 왜 싸우는지, 싸우지 않는 경우는 언제인지 불과 며칠만 기록해 보면 어떤 일관성 있는 경향을 발견할 수 있습니다.

유아기 아동을 키우는 대부분의 엄마들이 발견하는 경향성은 아이들이 엄마가 있을 때 더 많이 싸운다는 사실입니다. 집을 보라고 아이들끼리 놔두면 아주 사이좋게 잘 놉니다. 장난감 쟁탈전을 벌이는 아이들의 목적이 겉으로는 장난감을 차지하기 위한 것으로 보이지만, 궁극적인 목적은 의식적이든 무의식적이든 엄마를 자기 편으로 만들기 위한 것입니다.

이렇게 엄마를 놓고 경쟁하는 싸움에는 엄마가 개입하지 않고 중립적인 위치에서 조용히 지켜보는 것이 오히려 도움이 됩니다. 싸움 일지를 기록하는 또다른 이점은 엄마가 객관적인 입장을 취할 수 있다는 것입니다.

다음엔 부모가 개입할 것인가 말 것인가를 결정해야 합니다.

아이들 싸움에 부모가 개입할 때는 신중해야 합니다. 부모의 개입이 아이들간의 관계를 더욱 악화시킬 수도 있기 때문입니다. 중재를 하기 위해 부모가 개입하는 모습을 보면 항상 심판관의 역할을 담당하고 있습니다. "이번엔 누가 먼저 시작했니?"와 같은 말은 잘한 아이와 잘못한 아이를 가려내겠다는 것인데, 실제로 잘못한 아이를 가려내는 것이 그리 쉬운 일은 아닙니다. 손바닥도 맞부딪쳐야 소리가 난다고, 한 아이만 잘못한 경우는 흔치 않습니다.

더군다나 당사자들은 각각 그럴 만한 이유를 가지고 있어 대개가 일리 있는 주장을 하기 때문에 확실하게 시시비비를 가리기 어려운 것입니다. 이럴 경우, 양보를 안 한 큰아이를 야단친다거나 약자인 동생을 보호한다거나 해서 상황을 고려하지 않고 엄마가 평소 가지고 있던 기준대로 판단을 하게 되는데, 이는 좋지 않은 결과를 낳을 수 있습니다. 잘못한 아이로 지목된 아이는 적개심이 더 커져서 다음번에는 꼭 이겨야 한다는 생각이 들기 때문에 또 싸움을 일으키게 되는 것입니다.

아이들이 싸울 때마다 매번 개입해서 야단을 치고 벌을 주어도 싸움이 줄어들지 않는 것은 아이들의 싸우는 행동과 엄마의 야단치는 행동이 연결되어 버렸기 때문입니다.

우리의 일상 행동들은 하나하나 떨어져 있지 않고 연결되어 있는 경우가 많습니다. 외출해서 돌아오면 옷을 벗고, 씻고, 씻고 나서 식사를 합니다. 이렇게 세 가지 행동이 차례로 연결되어 있으면 좀처럼 연결고리가 깨지지 않습니다. 따라서 계속적으로 이 세 가지 행동이 차례로 반복되는 것입니다.

마찬가지로 아이들이 싸우는 경우에도 싸운다 — 야단 친다 — 조용해진다의 세 행동이 연결고리로 이어져 있습니다. 이 고리가 이어져 있기 때문에 야단을 쳐야만 조용해지는 상황이 습관적으로 일어나는 것입니다. 이러한 상황을 방지하기 위해서는 연결고리를 깨야 하는데, 가장 좋은 방법은 야단치는 행동을 그만두는 것입니다. 즉 개입을 하지 않는 것입니다. 신체적 위험이 따르지 않는 싸움이라면 되도록 개입하지 않는 편이 더 효과적입니다. 아이들은 엄마가 자신들의 싸움에 개입하지 않는다는 것을 알게 되면 스스로 문제해결을 해야 된다는 걸 깨닫고 조금씩 양보해서 타협점을 찾습니다.

다음은 엄마가 개입하지 않고 아이들 스스로 문제 해결을 한 대화 내용입니다.

동생 그 바지 내 꺼잖아. 왜 언니가 입는 거야.

언니 그래. 하지만 원래는 내 꺼였잖아.

동생 저번에 언니한테 맞지 않는다고 줬잖아. 빨리 벗어.

언니 안돼. 오늘 입고 나갈 거야.

동생 (소리 지르며) 빨리 벗어!

언니 이게 까불어. 절대 벗어줄 수 없어.

엄마 무슨 일이니?

동생 언니가 내 옷을 입고 안 벗어.

언니 엄마. 이 바지 내꺼 맞지.

동생 아니야, 엄마. 언니가 나한테 줬단 말이야.

엄마 이 싸움은 나와는 아무런 상관이 없구나. 너희들끼리 해결
해라. 엄마는 너희들이 그렇게 할 수 있다고 믿는다.

동생 그럼 이번 한 번만이야.

언니 그래. 다음번에는 입지 않을게.

만일 엄마가 화를 내면서 바지를 둘 다 입지 못하도록 압수를 했다
면 아이들의 적개심만 일으킬 뿐, 문제를 해결하는 데는 아무런 도움
이 되지 않았을 것입니다. 엄마가 개입하지 않음으로써 아무런 감정의
앙금을 남기지 않고 끝낼 수 있었던 것입니다.

부모의 섣부른 중재가 오히려 서로의 적대감을 가중시킬 수 있기 때
문에 개입하지 않는 편이 더 나을 수 있지만, 때로는 부모의 개입이 필
요한 경우가 있습니다. 치고 받고 싸우는 육탄전일 경우엔 반드시 개
입을 해야 합니다. 신체적인 위험이 따를 수 있을 뿐만 아니라, 폭력으

로 문제를 해결하려는 마음을 가져서는 안 된다는 것을 배워야 합니다. 부모가 개입을 할 때에는 언제 할 것인가의 개입 시기가 중요한데, 타이밍이 맞지 않으면 효과적인 작용을 기대할 수 없습니다. 부모들은 보통 한 아이가 맞고 나서 울고 있을 때 개입을 하는데 이때는 개입이 너무 늦게 이루어지는 것입니다.

강한 아이 만들기

아이들 싸움에 부모가 개입할 때는 신중해야 합니다. 실제로 잘못한 아이를 가려내는 것이 그리 쉬운 일은 아닙니다. 손바닥도 맞부딪쳐야 소리가 난다고, 한 아이만 잘못한 경우는 흔치 않습니다.

49 벌을 줄 때는
'즉시' '일관성 있게' '충분히'

우리가 벌을 줄 때 반드시 지켜야 할 것이 있는데, 행동이 나온 즉시 벌을 주어야 한다는 점입니다. 그래야만 행동과 벌이 연합되어서 잘못된 행동을 없앨 수 있습니다.

고양이를 대상으로 실험한 것을 보면, 고양이가 생선에 입을 대려고 할 때 벌을 주는 것이 생선을 이미 입에 넣었을 때 벌을 주는 것보다 더 효과적이었습니다. 고양이에게 생선을 먹으려 해서는 안 된다는 것을 학습시켰기 때문에 그후에도 먹는 행동을 하지 않게 되었습니다.

이와 마찬가지로 싸움을 유발시키는 초기 상황에서 벌을 주면 싸움을 방지할 수 있게 됩니다. 아이들이 싸우는 모습을 보면, 한 아이가 장난감을 가지고 놀고 있을 때, 다른 아이가 방해를 하기 시작하고, 말로 다투다가 몸으로 싸우고 그리고는 결국 한 아이가 울게 됩니다.

이 시점에서 엄마가 야단을 치는 것은 싸우는 행동 자체만을 벌 주는 것입니다. 따라서 방해하려는 마음은 벌을 받지 않았기 때문에 앞으로도 계속적으로 방해하려는 행동이 나올 수 있고 싸움으로 이어지게 됩니다. 즉 '다른 사람이 놀 때 방해해서는 안 된다'라는 것을 학습시키는 것이 '싸워서는 안 된다'를 학습시키는 것보다 근본적인 해결을 해주기 때문에 더 효과적입니다.

다음은 효과적인 벌 주기 방법입니다.

잘못된 행동을 고치기 위해서 우리가 흔히 사용하는 벌은 긍정적인 효과보다는 부정적인 영향을 주기 때문에 자주 사용하는 것은 좋지 않습니다.

특히 체벌의 경우는 부정적인 파급 효과가 크기 때문에 되도록 자제해야 합니다. 체벌도 그 형태는 공격적인 행동이기 때문에 아이들에게 공격 행동의 방법을 학습시킬 수 있습니다. 또한 체벌을 지속적으로 받아온 아이는 체벌에 면역이 되어 웬만한 체벌로는 효과가 없어서 점점 더 강한 체벌을 받게 되는 악순환을 낳게 됩니다.

벌의 수칙 세 가지는 즉시, 일관성 있게, 충분히 주어져야 한다는 것입니다. 잘못한 행동이 나오는 즉시 주어져야 하며, 처벌자의 감정에 따라 행해지는 것이 아니라 일관성 있는 기준에 따라 주어져야 하며, 또한 한 번을 주더라도 충분히 주어져야 한다는 것입니다.

예를 들어 아이가 침대에서 뛸 때마다 야단을 쳐도, 뛰는 행동이 없어지지 않는 것은 벌보다는 뛰는 즐거움이 더 크기 때문입니다. 그러므로 뛰는 즐거움을 억누를 수 있는 만큼의 충분한 벌이 필요합니다.

엄마의 잦은 잔소리는 도움이 되지 않습니다.

체벌을 하지 않더라도 '팔 들고 꿇어앉기' 같은 벌을 주는 경우가 있는데, 이런 경우 육체적 고통이 따를 정도로 너무 오랜 시간 동안 벌을 세우는 것은 좋지 않습니다. 처음에는 내가 잘못했기 때문이라는 생각을 갖지만, 시간이 지나면서 육체적 고통이 느껴지면 분노의 감정이 일게 됩니다. 누구 때문에 지금 벌을 받고, 누가 나에게 벌을 주는가를 생각하면서 그들에 대한 분노와 적대감을 갖게 되기 때문에 역효과를 볼 수 있습니다.

이상과 같은 벌의 부작용을 감안하여 보다 약한 강도의 벌의 유형인 '고립시키기'를 이용해 봅니다. 일명 타임아웃 방법이라고 하는데, 이것은 하던 행동을 즉각적으로 중지시켜야 할 때 사용하면 효과적입니다. 자세한 방법은 41번 꼭지를 참고하십시오.

아이들을 타임아웃시키는 방법 이외에도 물건을 타임아웃시킬 수 있습니다. 물건 쟁탈전을 벌이고 있을 때, 그 물건을 잠깐 동안 타임아웃시켜서 아이들이 만지지 못하게 선반 같은 곳에 올려놓습니다. TV 채널권 때문에 싸우는 경우에도 TV 위에 타이머를 놓고 타이머가 울릴 때까지 TV를 볼 수 없게 합니다.

타임아웃 방법을 사용할 때는 일관성 있게 하는 것이 중요합니다. 싸울 때마다 반드시 타임아웃을 불러야지 귀찮다고 그냥 넘어간다든지 하면 효과를 볼 수가 없습니다. 타임아웃 방법은 싸울 때마다 엄마가 잔소리를 안 해도 되고 소리 지르지 않아도 되면서 아이들을 훈련시킬 수 있는 좋은 방법입니다. 그러나 10세 이후의 아동들에게는 이 방법이 적합하지 않고 스스로 잘못된 것이라는 것을 인식해야만 고쳐 집니다.

강한 아이 만들기

벌의 수칙 세 가지는 잘못한 행동이 나오는 즉시 주어져야 하며, 처벌자의 감정에 따라 행해지는 것이 아니라 일관성 있는 기준에 따라 주어져야 하며, 또한 한 번을 주더라도 충분히 주어져야 한다 는 것입니다.

50 화해시킬 때는
협력해야 되는 공동의 일을 시킨다

싸움이 끝난 뒤에 엄마가 야단을 치면서 "잘못했다고 빌어"라든가 "형한테 사과해" 같은 말로 억지 화해를 시키는 경우가 많습니다. 아이 생각에는 잘못한 것도 없고, 화해하고 싶지도 않은데 매를 든 엄마 앞에서 어쩔 수 없이 시키는 대로 해야 되니 더 화가 납니다.

더군다나 화가 고조된 상태에서 엄마의 설명이 귀에 들어올 리가 없습니다. 이럴 경우, 억지 화해보다는 아이에게 판단의 기회를 주어서 "네가 잘못했다고 생각되면 빌어라" 또는 "화해하고 싶으면 악수를 청해라"라고 말해 주는 것이 좋습니다. 매를 들고 있는 엄마 앞에서 마음에도 없는 용서를 빌 수밖에 없는 경험을 지속적으로 해온 아이는 매를 들기도 전에 잘못했다고 비는데, 이는 약삭빠르게 순간적으로 모면하는 좋지 않은 기술을 습득시키는 것입니다.

그리고 말로 화해를 시키는 것보다 공동으로 해야 하는 일을 하게 함으로써 자연스럽게 화해를 유도하는 방법도 바람직합니다. 예를 들어 베란다문 유리창 닦기를 벌로 주어 형은 바깥에서 닦고 동생은 안에서 닦게 합니다. 이때 투명한 유리일 경우는 서로 얼굴을 마주보게 되고, 호호 불면서 닦는 상대의 모습이 우스워 누군가 먼저 웃게 되면서 마음이 풀리고 화해를 하게 됩니다. 적대적 관계의 사람들이 협력해야만 되는 일을 공동으로 하는 경우 적대감이 줄어든다는 연구 결과들이 많이 보고되고 있습니다.

아이의 격양된 감정을 수용하는 것도 중요합니다.

앞에서도 언급했지만 부모가 아이들의 싸움에서 심판자의 역할을 담당할 경우 오히려 둘 사이를 갈라놓게 되는 수가 많습니다. 싸움이 격한 상황에서는 시시비비를 가리려고 하기보다 아이들의 감정을 누그러뜨리는 데 중점을 두어야 합니다. 뜨거운 냄비가 식어야만 손으로 잡을 수 있듯이 분노의 감정을 가라앉히는 것이 우선 필요합니다. 자신의 감정을 토로할 기회를 갖게 해서 충분히 자신의 입장을 말하도록 합니다.

이때 부모는 아이의 주장을 평가하려 하지 말고 무조건적으로 귀기울여 주어 속감정까지 드러나도록 수용적인 태도를 취해야 합니다. 또한 아이가 처한 어려움을 인정해 주고 아이의 입장을 진심으로 이해해 주는 감정 이입의 상태를 유지하는 것이 좋습니다.

분노의 감정은 억지로 억누르는 것보다는 그때 그때 풀어 주는 것이 좋습니다. 다른 사람에게 해를 입히지 않고 푸는 방법으로 글을 쓰게 하거나 베개를 치게 해서 마음속에 있는 감정의 앙금을 남기지 않도록 합니다. 장난감을 망가뜨린 형에 대한 화난 감정을 글로 표현해 보면 격한 감정을 해소하는 데 도움이 될 수 있습니다.

글을 쓸 수 없는 경우엔 종이와 크레파스를 주면서 "형 때문에 무척 화가 난 것 같은데 그것을 그림으로 그리는 것이 어떻겠니?"라고 말해 줍니다. 어떤 아이는 자신을 때린 형제 자매를 그림으로 그린 다음 찢어 버리는데, 이것은 남에게 아무런 해를 끼치지 않으면서도 자신의 분노를 완벽하게 표현할 수 있는 효과적인 방법입니다.

강한 아이 만들기

아이들의 싸움이 격한 상황에서는 시시비비를 가리려고 하기보다 아이들의 감정을 누그러뜨리는 데 중점을 두어야 합니다. 뜨거운 냄비가 식어야만 손으로 잡을 수 있듯이 분노의 감정을 가라앉히는 것이 우선 필요합니다.

51 동생 앞에서는 큰아이를 야단치지 않는다

형제 자매와의 관계에서 부모님들이 생각해 봐야 할 점은 큰아이의 의무와 권리 문제입니다.

심리학자 애들러는 출생 순위가 성격 형성에 미치는 영향에 대해 연구하면서 맏이를 '폐위된 왕'으로 묘사하고 있습니다. 태어나면서 부모의 사랑을 완벽하게 독차지했던 맏이는 동생이 생김으로 해서 사랑의 손실, 독자로서의 지위 박탈 등, 아이가 감당하기에는 너무 어려운 상황에 놓이게 됩니다. 이에 비해 둘째는 태어날 때부터 부모의 사랑을 형과 나누어야 되는 운명을 잘 알기 때문에 적응을 잘합니다.

부모들은 큰아이의 이러한 상황을 이해하고 더 많은 배려를 해야 됨에도 불구하고 책임감과 의무를 과중하게 부과합니다. 맏이에 대한 부모의 기대 수준과 요구 수준이 높기 때문입니다. "형이니까 양보해야 돼." "형이니까 동생을 보살펴야지." "형이니까 참아야 돼."라는 말들을 나이 어린 큰아이에게 하게 되는데, 이러한 규범을 내면화시키려면 어느 정도의 인지 능력이 갖추어져야 합니다.

사랑의 상실과 과중한 의무 부담이 겹쳐서 큰아이에게 나타나는 결과는 동생에 대한 질투와 적개심입니다. 그러므로 형제 자매 사이를 친밀한 관계로 만들기 위해서는 큰아이에게 변함없는 사랑과 관심을 보여야 합니다.

큰아이에 대한 진심 어린 사랑으로 형제 자매 사이가 좋아졌다는 부모들의 경험담을 많이 접하는데, 이들 부모들은 큰아이에게 의무보다는 권한을 부여하는 데 치중했다고 합니다. 먹을 것을 주더라도 동생하

고 차등을 두어 조금 더 준다든가, 동생 앞에서는 절대로 큰아이를 야단치지 않아서 형으로서의 권위를 세워 주는 데 신경을 썼다고 합니다.

일반적으로 부모들은 약자를 보호해야 한다는 생각을 가지고 있어서 항상 약자 편을 들어주는데, 이렇게 되면 약자는 부모에게 더욱 의존하게 되면서 부모와 약자간에 강한 애착이 형성됩니다. 따라서 강자는 약자에게 더 강한 반감을 갖게 되고, 결국 아이들간에 감정적 골이 깊어지게 되는 것입니다.

걸핏하면 우는 것으로 문제 해결을 하려는 동생의 행동도 바람직한 것이 아니므로 부모는 획일적으로 강자, 약자의 기준에서 싸움을 중재해서는 안 되고 상황에 따라 공평한 중재를 해야 합니다. 너무 어린 나이에 동생을 본 큰아이의 어려운 입장을 헤아려서 하루에 한 시간이라도 큰아이와 사랑을 나누는 시간을 갖도록 하는 것이 좋습니다. 잠자기 전에 책을 읽어 주면서 잠을 재운다면 낮 동안 가졌던 모든 부정적 감정들이 눈 녹듯 사라질 것입니다.

형제 자매의 갈등은 부모의 애정을 독차지하기 위한 욕망에서 비롯됩니다. 그러므로 지극히 정상적인 현상입니다. 형제 자매들은 서로에게 어떤 기준, 또는 모델이 되어 주기도 하며, 비슷한 존재로서 서로에게 자극이 되기도 합니다. 빈번한 충돌과 싸움 속에서 타인과 더불어 살아가는 법을 익히게 되는 것입니다. 그러므로 부모는 형제 자매가 싸우고 있을 때, 잘못됐다고 생각하기보다는 지금 사회적 기술을 배우고 있는 중이라고 생각하는 것이 현명합니다.

아이들의 싸움에 부모가 섣부른 개입을 하는 것은 긍정적인 면보다는 부정적인 면이 큽니다. 스스로 문제를 해결해 나가는 자주적이고 독립적인 아이로 키우는 것이 중요합니다.

또한 벌을 주는 것의 부정적 효과를 감안하여 아이들이 싸우고 있는 모습보다는 사이 좋게 노는 모습을 보려고 노력하여 잘 놀고 있을 때는 칭찬을 아끼지 않아야 합니다. 대부분의 부모들이 사이 좋게 잘 놀고 있는 모습은 당연한 것으로 생각하여 칭찬을 하지 않습니다. 사이 좋게 놀 때, 많은 칭찬을 해주면 이러한 모습을 자주 보이게 되고 따라서 싸우는 행동은 줄어들 것입니다.

강한 아이 만들기

너무 어린 나이에 동생을 본 큰아이의 어려운 입장을 헤아려서 하루에 한 시간이라도 큰아이와 사랑을 나누는 시간을 갖도록 하는 것이 좋습니다.

제4장

정신적으로
건강한 아이로
키운다

52 아이의 분리 불안은 불안정한 가정 분위기 때문

아이가 엄마에게서 안 떨어지려고 하는 분리 불안은 대부분 유치원이나 학교에 입학하면서 생깁니다. 간혹 가족 중에 누가 죽었거나 사고가 있었을 때, 혹은 아이가 심하게 앓고 난 후에도 생길 수 있습니다. 엄마와 함께 집에 있으려고 하면서 학교나 유치원에 가지 않으려고 한다거나 유치원에 갈 때 엄마와 떨어져야 하면 화를 내거나 심하게 울면서 안 떨어지려고 애원하기도 합니다. 때로는 갑자기 배가 아프거나 머리가 아프다고 하기도 합니다.

그러나 이것은 결코 꾀병이 아니라 본인은 정말 괴로운 것입니다. 엄마와 떨어지는 것이 너무나 고통스럽기 때문에 엄마와 떨어지는 것보다는 아픈 것이 낫다는 무의식적인 바람이 작동하여 이러한 신체 증상을 만들어내는 것입니다.

또한 이런 아동은 낯선 사람과 접촉하지 않으려 하고 친구들과 잘 놀지 못하며 스스로 하려 하지 않고 뭐든지 부모에게 해달라고 요구하는 어리고 의존적인 행동도 함께 보이는 것이 특징입니다.

아동에게 불안을 주는 요인은 무척 다양하지만 크게 몇 가지로 나누어 보면 다음과 같습니다.

첫째, 아동의 기질이 큰 원인일 수 있습니다. 아이가 예민하고 어렸을 때도 낯을 심하게 가렸던 경우 분리 불안이 생기기 쉽습니다.

둘째, 부모의 성격이나 양육 태도에서도 올 수가 있습니다. 부모가 불안이 많을 때, 아이가 또래들과 놀거나 스스로 할 수 있는 능력이 있는데도 불구하고 아이를 떼어놓지 못하고 부모 곁에 두고 과잉 보호를 합니다. 이런 경우 아이는 친구와의 놀이 경험이나 새로운 것을 접하는 기회가 부족하게 되어 해보지 않은 것이나 새로운 상황에서 불안을 느끼게 됩니다. 때로는 완벽한 성격을 가진 부모들이 아이의 작은 실수에도 지나친 반응을 보이며 야단을 치는데 이럴 경우 아이는 실수를 하지 않을까 하는 걱정에 항상 불안하게 됩니다.

셋째, 아이가 혼자 분리되어서 심하게 두려움을 경험했던 경우가 원인일 수도 있습니다. 특히 부모가 아이를 재워 놓고 잠깐 나간 동안 아이 혼자 깨어 심하게 울었던 일이 잦은 경우가 불안의 원인이 됩니다. 또는 우리가 아동의 행동을 바로잡아 보려고 하는 말들도 좋지 않은 영향을 줄 수가 있습니다. 예를 들어 "너 이러면 엄마 가버릴 거야"라든가 "이러면 경찰이 잡아간다" 또는 "저기는 귀신이 나와서 가면 안 돼"라는 말들이 아이에게 공포감을 주게 됩니다. 때로는 벌을 준다고 어두운 방에 가두기도 하는데 이는 일시적으로 행동을 바로잡을 수 있을지는 몰라도 아이에게는 심리적 불안감을 주게 됩니다.

넷째, 아이들은 3세 정도가 되면 저절로 엄마와 떨어져 또래 친구나 세상에 관심을 갖게 되어 있습니다. 그런데 부모가 힘들다는 이유로 혹은 독립적인 아이로 키워 보겠다는 생각에 너무 일찍 아이를 떼어놓는 것도 불안의 원인이 될 수 있습니다.

다섯째, 잦은 부부 싸움으로 별거나 이혼에 대한 이야기가 오갈 때 아이는 '나를 버리지 않을까' 하는 불안으로 부모에게서 떨어지지 않으려고 합니다.

이처럼 아동의 불안은 아이의 기질과 함께 부모의 양육 태도, 불안정한 가정 환경이 맞물려 더 커지게 됩니다. 따라서 아이를 안정시키고 적응을 잘하는 아이로 만들기 위해서는 양육 태도나 불안정한 가정 분위기를 변화시켜 보려는 노력이 우선되어야 합니다. 그렇지만 아이의 성격을 씩씩하고 활달하게 바꾸려 하기보다는 아이의 여린 성격을 인정하고 조심스럽게 다루는 것이 필요합니다.

53 아이를 무리하게 떼어놓으면 마음에 상처를 입히게 된다

대부분의 부모님들은 아이가 밖에 나가려 하지 않고 엄마 주변을 맴돌며 치대는 행동을 하면, 이러한 행동이 불안 때문인지도 모르고 행동만을 변화시키려고 야단을 칩니다.

또는 아이가 학교나 유치원에서 엄마와 떨어지지 않으려고 할 때, 다른 아이는 다 하는 일을 왜 이 아이만 못할까 하는 생각에 화를 내게 되고, 며칠 울다 그만두겠거니 하면서 우는 아이를 무리하게 떼어놓고 오는 경우가 있습니다.

이것은 적절한 방법이 못 됩니다. 이때의 두려움과 공포는 아이의 마음에 상처를 입히게 되며, 버려 두고 간 엄마에 대한 미움이 생기게 됩니다.

이럴 때는 선생님의 양해를 얻어 엄마가 교실 안까지 들어가서 아이가 확인할 수 있는 장소에 앉아 있도록 합니다. 또한 아이가 가고 싶을 때는 언제라도 엄마에게 올 수 있게 하되 가끔씩은 이런 행동에 적당히 무관심을 보이는 것도 좋습니다. 점차 아이가 수업에 참여할 수 있게 되고 엄마에게 오거나 엄마를 확인하는 행동이 줄어들면 엄마는 아이의 동의하에 교실 밖 복도에서 기다리다가 점차 거리를 두어 현관, 운동장, 교문에서 기다립니다.

이와 같은 과정에서 아이에게 엄마의 생각을 강요해서는 안 되며 항상 아이의 동의하에 이루어져야 한다는 것을 잊지 마셔야 합니다. 아이가 완전히 엄마와 떨어져 등교할 수 있게 되더라도 얼마 동안은 외출하지 말고 집에 계셔서 아이가 불안하거나 집에 엄마가 없을까 하는

걱정이 생길 때 전화를 걸어 통화할 수 있도록 해줍니다.

입학 전에 미리 교실이나 운동장에서 부모님과 함께 시간을 보내고 온다거나, 아이의 도시락이나 책 등의 소지품에 아이가 좋아하는 그림이나 사진을 넣어 주는 것도 아이를 안정시키는 방법이 될 수 있습니다.

아이가 느끼는 불안은 우리 어른들이 생각하는 것보다 상당히 고통스러운 것입니다. 그러므로 반드시 도와주어야 할 대상이며, 이때 주의할 점은 점차적으로 떼어놓는 훈련을 해야지 한번에 갑작스럽게 해서는 안 된다는 것입니다.

강한 아이 만들기

아이가 학교나 유치원에서 엄마와 떨어지지 않으려고 할 때 선생님의 양해를 얻어 엄마가 교실 안까지 들어가서 아이가 확인할 수 있는 장소에 앉아 있도록 합니다. 또한 아이가 가고 싶을 때는 언제라도 엄마에게 올 수 있게 하되 가끔씩은 이런 행동에 적당히 무관심을 보이는 것도 좋습니다.

54 눈을 깜빡이거나 코를 찡긋거리는 것은 틱장애 때문이다

우리는 주변에서 눈을 깜빡인다든가 코를 찡긋거리는 아이나 어른을 볼 수 있습니다. 이런 행동을 '틱'이라고 합니다. 틱이란 자신의 의지와는 무관하게 일어나는 행동으로, 빠른 속도로 반복해서 나타나는 움직임이나 음성을 말합니다.

가장 빈번히 나타나는 '운동 틱'은 눈깜빡임이지만 때로는 눈을 한쪽 옆으로 치켜뜨거나 눈을 크게 떴다 힘주어 감을 수도 있으며 코를 찡긋거리기도 하고 어깨를 으쓱거리기도 합니다. '음성 틱'은 코를 킁킁거리거나 훌쩍이기도 하고 목에 뭔가 걸린 듯 헛기침을 하는 것입니다. 이런 행동은 다른 사람이 보기에도 답답하지만 행동을 하는 본인역시 굉장히 괴롭습니다. 이러한 행동은 몇 분, 길게는 몇 시간 동안은 억지로 참을 수 있지만 참은 뒤에는 더 심하게 나타납니다.

틱에는 이러한 증상이 몇 달 혹은 1년 정도 있다가 없어지는 일시적인 틱이 있고 1년 이상 지속되는 만성적인 틱이 있는데, 스트레스를 받으면 더 심해지는 것이 보통이며 가장 빠르게는 3세 정도부터 늦게는 20세 정도에서도 생길 수 있습니다. 그러나 유치원이나 초등학교 입학 후에 나타나는 경우가 가장 흔하며 더 어린 경우에는 동생을 본 후 틱을 나타내는 아이들도 적지 않습니다. 또한 틱은 남자아이에게서 훨씬 많이 나타납니다.

틱은 아이의 나쁜 버릇이 아니고 일종의 병입니다. 부모님들 중에는 병을 병인 줄 모르고 야단을 치는 경우가 많습니다. 야단을 치면 얼마간은 좀 덜하기 때문에 나쁜 버릇을 고치겠다고 심하게 꾸중을 하거나 으름짱을 놓는 부모들이 많이 있습니다. 이러한 부모의 태도는 아이의 틱 증상을 더 악화시키게 되고 위축, 열등감, 학습부진 등 다른 문제까지 어려움을 겪게 만들 수 있습니다.

이러한 틱은 유전적 원인과 함께 아이의 성격과 부모의 성격이 함께 맞물려 생긴다고 볼 수 있습니다. 식구나 가까운 친척 중에 틱이 나타났을 때 아이에게 틱이 생길 소지가 더 많습니다. 그리고 성격이 소심한 아동이 틱을 보이는 경우가 더 많습니다.

부모의 성격도 틱이 생기는 데 많은 영향을 미칩니다. 부모가 완벽하고 강박적인 성격을 가진 경우, 아이 자체도 이러한 부모의 성격을 물려받은 데다가, 이러한 부모일수록 아이의 행동이 눈에 차지 않기 때문에 아이는 항상 꾸중과 긴장 속에서 생활하게 됩니다. 이러한 긴장감이나 불안이 동생이 태어난다든가 학교에 입학하는 새롭고 힘든 상황이 되면 틱이라는 양상으로 표현되는 것입니다. 이런 성격의 부모일수록 아이의 틱 행동을 참아내기가 더 힘들기 때문에 아이의 증상은 물론 아이와의 관계도 악화되는 경우가 많습니다.

틱의 80% 정도는 1년 내에 사라지는 일시적인 틱입니다. 그런데 이때 계속 지적하면서 야단을 치게 되면 이 증상이 굳어져 오랫동안 지속될 수 있습니다. 그러므로 부모의 태도가 무엇보다 중요합니다. 아이가 틱을 보일 때 절대 언급하지 말고 무관심하셔야 합니다. 그리고 아이에게 힘든 것이 무엇인지를 파악해서 제거해 주셔야 합니다. 학습량이 많은 것 같으면 줄여 주든가 하면서 우선 아이를 편하게 해주셔야 합니다.

틱 행동에서 생긴 아이의 열등감은 틱 증상 이상으로 심각합니다. 조금만 잘한 일이 있어도 칭찬을 아끼지 말아야 합니다. 이 칭찬은 가정 밖에서 받는 놀림이나 지적을 견뎌낼 수 있는 힘이 될 수 있습니다. 그리고 부모가 자신의 행동을 창피스럽게 생각하지 않는다는 것을 느끼게 해줘야 합니다. 눈이 나쁜 아이가 있듯이 나는 눈을 깜빡이는 것이며 눈이 마음대로 좋아질 수 없듯이 틱도 어쩔 수 없이 받아들여야 한다는 것을 느끼게 해주시는 것이 좋습니다.

틱 행동이 지속되면 아이 스스로 억제시키는 법을 터득하게 됩니다. 이것은 아이 스스로 알게 되는 것이지 부모가 가르쳐서 되는 일은 아닙니다. 이렇게 되면 밖에서는 틱이 줄어들지만 집에서는 더 심해질 수 있는데 부모는 불안해 하지 말고 편하게 틱 행동을 할 수 있게 그냥 두서야 합니다. 밖에서 적게 하면 마음이 편한 집에서는 더 많이 나타나는 것이 틱의 특징 중 하나입니다.

틱의 정도가 너무 심하거나 아이가 심리적으로 어느 정도 편안함을 찾은 것 같은데도 사라지지 않고 1년 이상 지속되면 이는 만성적 틱의 경우로 보고 전문 기관을 찾아 정확한 진단하에 약을 복용해야 합니다. 그러나 약의 복용이 틱을 완전히 없애 주는 것은 아니며 겉으로 드러나는 것을 막아줄 뿐입니다.

따라서 틱으로 생기는 가족내 어려움, 학교에서의 문제를 극복하면서 아이가 틱을 가지고 살 수 있는 법을 배울 수 있도록 자신은 물론 가족들 모두 지속적인 노력을 해야 합니다.

강한 아이 만들기

아이가 틱을 보일 때 절대 언급하지 말고 무관심하셔야 합니다. 그리고 학습량이 많은 것 같으면 줄여 주든가 하면서 우선 아이를 편하게 해주셔야 합니다.

55 말더듬는 아이는 발표나 책읽기를 시켜 두려움을 없애준다

누구나 말을 할 때 어느 정도 더듬거릴 수 있습니다. 말할 내용을 생각했다가도 나오다가 끊기거나 막히기도 합니다. 이것은 정상적인 말더듬으로 누구나 쉽게 경험할 수 있습니다. 여기서 얘기하는 말더듬은 그 정도가 심해 자기의 의지와는 관계없이 시작되고 지속되는 것을 말합니다. 일단 더듬기 시작하면 아무리 빠져나오려고 노력해도 잘 되지 않는 경우입니다.

말더듬의 양상은 가장 흔히 볼 수 있듯이 첫소리를 반복하는 것으로('하—하—학교'하는 식으로) 이것이 말더듬의 초기 증상입니다. 이러한 반복이 심해지면 이를 피하려고 특정 소리에서 입만 벌리고 아무 소리도 내지 못하게 되는데 이것은 좀더 악화된 말더듬 증상입니다.

말더듬이 어느 정도 진행되면 스스로 말더듬을 사실로 인식하게 됩니다. 그리고 주변 사람들이 자신의 말더듬에 주의를 쏟게 되면 더듬는 상황이 극도로 공포스럽게 되면서 여러 가지 신체 행동이 수반되기도 합니다. 가볍게 입술을 떨거나 얼굴 근육이 일그러지기도 하고 머리를 젖히거나 발을 구르기도 합니다.

또다른 경우는 말을 더듬지 않으려는 부단한 노력으로 '응, 어, 음' 등의 간투사를 쓰기도 하고 자신없는 말을 할 때는 거기, 그것 등으로 대응해서 다른 사람이 이해할 수 없는 말을 하기도 합니다.

말더듬의 원인은 언어 발달이 늦어질 때나 다른 사람의 더듬는 말을 흉내내면서 생길 수도 있고 지나치게 언어 발달을 촉진시키려고 말을 강요할 때도 생길 수 있습니다.

또한 학교에서의 갈등, 가정환경이 불안정할 때, 심하게 매를 맞거나 꾸중을 들었을 때 등 무척 다양하게 나타나지만 하나의 공통점은 마음속에 자리잡은 두려움과 공포입니다.

성인기의 말더듬은 심리적 충격, 질병의 후유증이나 극도로 소심한 성격에서 생기지만 아동의 말더듬은 주로 2~4세경에 가장 많이 시작되는데, 이것은 발달 과정에서 자연스럽게 생길 수 있기 때문에 발달적 말더듬이라고 합니다. 2~4세를 가리켜 언어 습득의 신비의 시기라고 말하는 사람이 있을 정도로 이때는 "아빠 회사 가요"처럼 새 낱말 문장을 구사하기 시작하며 아침 저녁이 다르게 언어능력이 확대되어 갑니다.

부모님들은 하루가 다르게 말이 늘어가는 것을 보며 마냥 즐거워하지만 이러한 발달이 아이의 입장에서 보면 쉬운 일이 아닙니다. 아이들은 단지 어른의 말을 반복적으로 모방하면서 배우는 것은 아닙니다. 복잡한 말의 구조를 나름대로 터득하기 위해 사력을 다하고 있는 것입니다. 그렇기 때문에 이때의 아이들은 말을 틀리게 하면 고치고 하는 시행착오의 연속이며 더듬을 수도 있습니다. 이러한 실수는 말을 배우는 과정에서 생길 수 있는 정상적인 현상입니다.

그런데 이때 대부분의 부모들은 "천천히 해봐", "얘가 왜 이래" 하며 짜증을 내거나 영문도 모르는 아이를 야단치기도 합니다. 이렇게 되면 아이는 자기의 말이 크게 잘못되었다고 생각하고는 말하기를 두려워하게 되며 말을 더 더듬게 됩니다. 아이에 대한 엄마의 완벽주의적 태도가 정상적인 발달 과정인 말더듬을 병적인 말더듬으로 바꿔놓게 되는 것입니다. 병원을 찾는 아이들 중 이러한 경우가 상당히 많습니다.

아이의 말더듬을 고쳐 주기 위해 부모가 직접 지도하는 것은 좋지 않습니다. "다시 해봐", "천천히 해봐", "따라 해봐" 하며 아무리 태도를 부드럽게 해도 대부분은 역효과를 가져옵니다. 이처럼 부모가 아이의 말을 직접 고쳐주면서 지도하는 것은 말더듬의 지도에는 적용되지 않으며 오히려 아이의 증상을 더 악화시키게 됩니다.

말더듬에는 부모나 주변 사람이 말더듬는 것에 대해 관심을 보이지 않는 것 이상의 방법은 없습니다. 그렇다고 아이를 전혀 도와주지 말라는 것은 아닙니다. 단지 말더듬 현상 자체를 직접 고쳐주려 해서는 안 된다는 것입니다. 우선 부모는 아이가 말하는 것에 위축되지 않도록 편안함을 주는 것이 가장 중요하며, 이와 함께 어른들은 아이와 말할 때 자신의 태도가 적절한지 생각해 봐야 합니다. 천천히 부드럽게 말하는 것이 가장 좋은 태도입니다.

아이가 말을 더듬으면 가족들은 아이 앞에서 말을 천천히 하는데, 이때 아이에게 빨리 하도록 강요하지 말아야 합니다. 아이의 말을 끝까지 들어주고 절대로 중간에 끼어들지 말아야 합니다. 아이가 말이 막혀서 이어가지 못할 때에도 도와주기 위해 나머지 말을 대신해 주지 말아야 합니다. 부모가 편하게 받아들이면 집에서는 아이의 말더듬이 줄어들게 됩니다.

그러나 집에서 좋아졌다고 밖에서 모든 사람과의 말이 잘되는 것은 아닙니다. 이때는 대화의 대상을 넓혀줌으로써 말하는 두려움을 없애 줄 수 있습니다. 동네 슈퍼에서 혼자 물건을 사오도록 하는 것은 쉽게 할 수 있는 방법입니다.

유치원이나 초등학교의 경우 아이가 말을 더듬으면 다른 아이 앞에서 말하거나 책읽기를 시키지 말아달라고 교사에게 부탁하는 부모님이 있는데 이것은 바람직하지 않습니다. 아이에게 발표도 시키고 책읽기도 시켜 다른 아이들도 말더듬을 받아들일 수 있도록 선생님이 지도해 줄 것을 부탁해야 합니다.

거듭 말하지만 말더듬은 아이의 불안정한 심리 상태에서 오는 경우가 많으므로 우선 부담되는 일을 줄여주는 것이 필요합니다. 과도하게 많은 학습지나 여러 학원을 다니는 것은 아이가 편해질 때까지 잠시 줄이는 것이 좋습니다.

　"말더듬은 아이에게서 생기는 것이 아니라 부모의 귀에서부터 시작된다"는 말이 있습니다. 아이의 말더듬에 대한 부모의 태도 변화 없이는 말더듬을 고치기 힘듭니다.

강한 아이 만들기

말더듬의 원인은 학교에서의 갈등, 가정환경이 불안정할 때, 심하게 매를 맞거나 꾸중을 들었을 때 등 무척 다양하게 나타나지만 하나의 공통점은 마음속에 자리잡은 두려움과 공포입니다.

55 아이에게 잠자는 것이란
엄마와 떨어지는 것을 의미한다

아이를 키우다 보면 아이의 나쁜 잠버릇 때문에 밤잠을 설치며 애를 태운 경험을 한두 번쯤은 해보셨을 겁니다.

곤히 잠들었던 아이가 부스스 일어나 겁에 질려 낮에 있었던 일이나 맘에 두었던 생각을 얘기하는 경우도 있고, 무서운 꿈을 꾸다 일어나 소리를 지르거나 헛소리를 하기도 하며 심한 경우엔 걸어다니며 이상한 행동을 하기도 합니다. 어떤 아이는 자다가 여러 번 깨서 그때마다 재워 줘야 할 때도 있습니다.

이러한 수면 행동은 정상적인 수면 발달과정에서 나타날 수 있는 현상이므로 크게 걱정할 필요가 없습니다. 대개 나이가 들면 없어지니까요. 그러나 이런 행동이 빈번하고 그 정도가 심하다면 아이가 언제 이런 수면 행동을 자주 나타내는지 주의 깊게 살펴서 원인을 찾아봐야 합니다. 수면의 문제는 너무나 중요하고 날마다 부닥치는 문제인데도 부모님들은 아이에게 잠이 얼마나 중요한지를 인식하지 못하고 있습니다.

사실 수면은 먹는 것보다 더 근본적인 사람의 욕구입니다. 특히 어린아이들은 잠을 자는 동안 신경 및 뇌와 신체 발육에 중요한 성장 호르몬이 분비되기 때문에 정상적인 수면이 아주 중요합니다. 그러므로 잠이 방해되었을 때는 그 시기에 발육할 수 있는 부분에 장애가 생길 수 있습니다. 이처럼 수면은 아이의 정신 건강과 직결되어 있으므로 부모님은 건강하고 올바른 수면 습관을 길러 주서야 합니다. 이를 위해서는 무엇보다도 아이의 잠에 대한 이해가 필요합니다.

야경증이나 악몽 같은 수면 행동이 잦다면 여기에는 유발 요인이 있을 수 있습니다. 여행 등에서 오는 불규칙한 생활, 신체적으로 피곤한 날, 형제나 또래들과 다투었거나 부모님에게 야단을 맞는 등 정신적 스트레스가 있는 날 더 많이 나타납니다.

아이가 이런 행동을 하면 대부분의 부모님은 당황해서 물을 먹이기도 하고 흔들어 잠을 깨우려 하는데 깨우는 것은 좋은 방법이 아닙니다. 다시 조용히 잘 수 있도록 달래서야 합니다.

그리고 다음날 잠결의 행동에 대해 아이에게 꼬치꼬치 묻는 것은 좋지 않습니다. 아이는 전혀 기억하지 못하기 때문에 자신이 한 행동을 듣고는 잠자는 것을 불안해 할 수 있으므로 이야기해 주지 말아야 합니다.

아이가 어린 경우, 부모를 고통스럽게 하는 것 중의 하나가 낮에는 잘 자다 밤만 되면 울고 보채는 것입니다. 어른도 이것에 맞추다 보면 밤낮의 리듬이 바뀌어서 여간 힘든 게 아닙니다.

여기에도 복합적 이유가 있겠으나 우선 부모가 할 수 있는 일은 우유 먹는 시간을 조절해 보는 것입니다. 1~2주 계획을 세워 점차적으로 낮에는 보통 때보다 많은 양을 주고 늦은 밤에는 수유 횟수를 줄여 나갑니다. 또한 낮에 많이 놀아 줘서 될 수 있으면 낮잠을 재우지 않는 것이 좋습니다.

아이들이 3~4세 정도가 되면 부모와 떨어져 혼자 쉽게 잠들 수 있어야 합니다. 그런데 아이가 혼자 잠이 들 수 없다거나 부모와 같이 자려는 경우는, 커서도 다른 심리적 문제나 불면증 등을 야기시킬 수 있는 원인이 되므로 예방적 차원에서 잠드는 습관을 바르게 키워주는 것이 중요합니다.

아이들은 잠자는 것은 곧 엄마와 떨어지는 것으로 인식합니다. 그래서 잠들 때까지라도 엄마가 곁에 있어 주길 바라며 대부분의 아이들은 갑자기 떨어지는 고통을 덜기 위해 엄마를 대신할 수 있는 담요, 곰인형 등을 꺼안고 자거나 엄마가 이야기해 주거나 만져 주기를 바랍니다. 혹은 우유, 주스 등을 빨면서 잠들고 싶어합니다.

아이가 이렇게 원하는데도 외국처럼 독립적인 아이로 키운다며 아이를 너무 일찍 혼자 재우는 부모가 있습니다. 이는 바람직하지 않습니다. 잠깐씩이라도 낮 동안 혼자서 밖에 나가 놀게 하여 엄마와 떨어져 있는 연습을 하는 것이 좋습니다.

혼자서 자는 것을 극도로 불안해 하고 두려워할 때는 야단을 쳐서 강제로 떼어놓기보다는 적절한 보상을 하면서 점차적으로 떨어져 자는 훈련을 시켜야 합니다.

아이의 건강한 수면 습관은 엄마와의 안정된 관계를 통해서만 이루어질 수 있습니다. 이와 함께 잠자기 전의 규칙적인 습관이나 평안한 수면 환경도 중요합니다.

강한 아이 만들기

야경증이나 악몽 같은 수면은 여행 등에서 오는 불규칙한 생활, 신체적으로 피곤한 날, 형제나 또래들과 다투었거나 부모님에게 야단을 맞는 등 정신적 스트레스가 있는 날 더 많이 나타납니다.

57 아이들의 성기 장난은
정상적으로 성장하는 과정이다

어린아이가 손장난이나 발장난을 할

때는 아무렇지도 않게 보이는데 성기 장난을 하는 걸 보면 큰일 날 것

같은 생각이 드는 건 어른들의 관점이 아이와 다르기 때문입니다. 어

린아이들의 성기 장난은 아이의 많은 신체 부위 중 단지 성기를 대상

으로 장난을 한다는 것뿐입니다.

아기가 걷기 시작할 무렵이면 손에 닿는 것은 무엇이든 만져 보려고

합니다. 성기를 만지는 것도 자신의 신체를 탐색하는 과정일 뿐입니

다. 그런데 이 성기라는 것이 커졌다 작아졌다 하는 변화를 보이는 것

이어서 아이들이 흥미를 갖게 되는 것은 당연합니다. 또한 배뇨나 배

설 후에 씻기고 닦아 주는 과정에서 성기를 자극하게 되고 이때의 느

낌이 괜찮다는 것을 인식한 아이는 성기에 자주 손을 대게 됩니다.

아이가 3~4세 경이 되면 이러한 자위 행위에서 어떤 쾌감을 맛보게

되는데 그러면서 자위 행위의 방법도 다양해지기 시작합니다. 자신의 손발을 이용한다든가 계단 난간, 침대 모서리 등 물체를 이용한다든가 하며, 여자아이의 경우엔 연필 같은 이물질을 삽입하기도 합니다.

아이들이 성기 장난을 하게 되는 때는 한가할 때, 욕구가 좌절되었을 때, 또는 심심할 때, 무슨 재미있는 일이 없을까 하고 찾다가 성기 장난을 하게 됩니다. 이러한 행동은 정상적으로 자라나는 아이들에게 흔히 있는 일이며 성장하는 과정일 뿐입니다. 6~7세 경부터 자연스럽게 없어지기 때문에 일시적인 손장난일 경우는 모른 척하는 것이 낫습니다.

아이들이 좋아하는 병원 놀이를 할 때, 성기 장난을 하는 경우가 있습니다. 이 병원 놀이는 자기 몸과 남의 몸에 대한 호기심을 충족시켜 주고 병원에 대한 무서움도 경감시켜 주는 좋은 기능이 있습니다. 특히 합법적으로 벗는 것이 허용되기 때문에 아이들이 무척 흥미로워 합니다.

그러나 팬티까지 벗고 하는 것은 엄마가 주의를 주셔야 합니다. 그렇다고 지나치게 야단을 치거나 하면 아이들의 호기심이 더 강해져서 엄마 몰래 하게 되어 통제를 할 수가 없게 됩니다. 이럴 때는 성기가 우리 몸에서 가장 소중한 것이며 아주 약한 부위라서 다치기 쉽고 그러면 약을 바르고 치료를 해야 한다고 설명해 주는 것이 좋습니다.

그러나 엄마가 보기에도 정도가 심할 경우가 있습니다. 방바닥에 성기를 문지르면서 얼굴이 벌개져 땀까지 흘리는 경우가 있는데 이럴 때도 그 즉시 야단치지 않는 것이 좋습니다. 흥분이 고조되었을 때 중단시키면 욕구 불만이 생겨 다른 문제 행동을 일으킬 수도 있기 때문입니다. 그럴 때는 조용히 불러서 언제, 왜 하게 됐는지를 물어봅니다. 원인이 파악되면 원인을 제거해 주셔야 합니다. 가려워서 그랬다든가 하면 습진이나 질염 등의 질환이 있는지 살펴서 치료를 해줍니다.

우리 어른들은 성(性)이란 추잡하고 불결한 것이라는 인식을 가지고 있습니다. 그렇기 때문에 아이가 자위 행위를 하는 걸 보면 무척 당황해 하면서 지나치게 야단을 치는 경우가 많습니다. 또는 고추가 떨어진다든지 아기를 못 갖게 된다든지 벌레가 나올 거라든지 하는 당치도 않은 거짓말로 아이에게 공포심과 죄악감을 갖게 해주는데, 이것은 좋지 않은 결과를 낳을 수도 있습니다.

정신 분석학자 프로이트에 의하면 어렸을 때의 성에 대한 공포심이나 죄악감은 무의식 속에 계속 잠재되어 있으면서 성인기에 이르러 불감증, 성기능 장애 같은 문제를 일으킬 수 있다고 합니다.

사춘기 때에 이르면 본능적인 성 충동의 발산으로 다시 자위 행위에 몰입하게 되는데 이때도 자위 행위에 대한 죄의식이 심어져 있는 아이는 자신의 성 충동을 본능적인 자연스러운 현상으로 받아들이지 못하고 죄책감 때문에 괴로워하게 됩니다. 자위 행위가 원인이 되어 발생할 수 있는 해독은 성기의 염증 정도입니다. 그러므로 자위 행위는 행위 자체가 문제가 아니라 거기에 수반되는 죄책감 같은 정서적 영향이 더 큰 문제입니다.

그러므로 부모님은 아이의 자위 행위를 당연한 것으로 받아들이면서 지나치게 몰두하지 않도록만 배려해 주는 것이 좋습니다.

문을 잠그고 방 안에 오래 있다거나 화장실에 너무 오래 있다든가 하면 자연스럽게 불러내어 흥미있는 놀이를 시작하게 합니다. 또한 아침에 자고 일어날 때는 곧바로 이불 속에서 나오도록 하는 등 아이의 생활에서 성기에 관심을 집중시킬 기회를 되도록이면 차단하는 것이 좋습니다.

강한 아이 만들기

아이들이 성기 장난을 하게 되는 때는 한가할 때, 욕구가 좌절되었을 때, 또는 심심할 때, 무슨 재미있는 일이 없을까 하고 찾다가 성기 장난을 하게 됩니다.

58 성기는 생명을 만드는 소중한 곳임을 인식시킨다

근래 들어 아이들의 성교육에 대한 중요성이 부각되고 있습니다. 아이가 초등학교에 들어가면 성교육을 받을 기회를 가질 수 있지만, 유아기 때는 성교육을 접할 기회가 없기 때문에 어릴 때의 성교육은 엄마가 담당할 수밖에 없습니다. 대부분의 엄마들은 성교육을 받은 경험이 없기 때문에 아이가 성에 관련된 질문을 하면 우선 당황하게 됩니다.

성에 대한 개념은 우리 어른들에게도 상당히 왜곡되어 있습니다. 그러므로 아이에게 성에 대한 지식을 전달하는 것도 중요하지만 성에 대한 올바른 태도를 갖는 것이 더 중요합니다. 우리 어른들은 성이라고 하면 Sex를 생각하고 Sex 하면 성행위 자체를 연상합니다. 또한 성행위를 쾌락과 연관지어 생각하기 때문에 성은 추잡한 것이어서 숨겨야 하는 것으로 생각합니다. 그렇기 때문에 아이가 성에 대해 질문을 하면 터무니없는 거짓말을 하는데 이것은 바람직하지 않습니다. 엄마가 평소 성에 대한 가치관을 뚜렷하게 가지고 있으면 아이가 어떠한 질문을 하더라도 당황하지 않고 올바른 성교육을 시킬 수 있습니다.

우선 엄마가 가져야 될 성에 대한 올바른 가치관은, 성이라는 것이 부끄러운 것도 아니고 더러운 것도 아니며 숨길 것도 아니라는 것입니다. 성은 신성한 것이라는 생각을 하서야 합니다. 성은 분명 쾌락의 기능을 가지고 있지만 그것보다는 사랑을 바탕으로 한 생식의 기능이 보다 중요한 기능입니다. 즉 성을 쾌락보다는 생명과 연관시켜야 합니다. 그러므로 생식과 관련된 모든 것, 즉 성기라든가 성행위, 여성의 생리, 임신, 출산 등을 소중한 것으로 인식시키고 사실대로 알려주는 것이 좋습니다.

아이들이 성에 대해 궁금해 하는 구체적인 질문들을 모아 보면 다음과 같습니다.

우선 성기에 대한 것입니다. 아이들은 자신의 신체 부위에 대한 호기심을 일찍부터 갖게 됩니다. 특히 성기에 대한 호기심은 3세 이후부터 생기기 시작합니다. 정신 분석학자 프로이트는 우리 인간은 3세경부터 성적인 에너지가 성기에 몰리기 때문에 성기에 관심을 갖게 된다고 말합니다.

남자아이의 경우 성기의 크기가 시시때때로 변하는 것이 신기하고 우연히 만질 경우 기분이 좋아짐을 느끼면서 자주 성기에 자극을 주게 됩니다. 이런 모습이 어른의 눈에는 자위 행위로 보이기 때문에 심하게 야단을 치거나 놀라거나 하는데 이것은 좋지 않습니다. 아이가 자라는 과정에서 자연스럽게 나타나는 현상으로 생각하셔야 합니다. 그래서 이 시기의 아이들에게는 자위 행위라는 말보다는 성기 장난이라는 이름을 붙이고 있습니다.

여자아이의 경우엔 자신의 성기가 오빠나 동생과 다르다는 것을 발견하면서 "엄마, 왜 나는 고추가 없어?" 라고 묻는 경우가 많습니다. 심지어는 오빠 흉내를 내느라고 서서 오줌을 누는 행동을 보이기도 합니다.

이때 엄마는 남자 성기와 여자 성기의 차이를 알려주셔야 합니다. 우선 명칭의 차이를 말해 줘야 됩니다. 이 명칭의 문제는 아직도 학자들 사이에서 논쟁중입니다. 자지, 보지처럼 순수한 우리말을 써야 된다는 입장도 있고 아직은 우리말이 욕으로 사용되기 때문에 한자말인 음경, 음순으로 쓰자는 입장도 있습니다. 순수한 우리말이 욕이 되어버린 것도 우리가 성을 더러운 것으로 보아 왔기 때문입니다. 현재 성인들이 많이 쓰는 '페니스'라는 말은 영어입니다. 영어도 되고 한자말도 되는데 우리말만 안 되는 현실이 문제입니다. 이 문제는 엄마의 판단에 맡겨야 할 것 같습니다.

여자아이에게 꼭 알려주어야 할 것은 고추가 없는 것이 아니라 그것과 똑같은 일을 하면서 단지 모양만 다르게 생긴 성기가 있다는 것입니다. 즉 '무엇이 없다'가 아니라 '다른 무엇이 있다'라는 생각을 갖게 해야 합니다. 남성 성기와 여성 성기가 모양만 다르지 똑같은 기능을 한다는 것은 의학적으로 이미 밝혀진 지 오래입니다. 나는 고추가 없어서 서서 오줌을 못 누는 것이 아니라 다른 모양의 성기를 가졌기 때문에 다르게 오줌을 눈다'는 것을 알게 해야 합니다.

다음으로 아이들이 가장 궁금해 하는 것은 임신과 출산에 대한 것입니다. "아기는 어디로 나와? 나는 어디에서 나왔어? 어떻게 나왔어? 아기는 어떻게 생기는 거야?" 등 많은 질문을 합니다. 이때 황새가 물어다 줬다느니, 다리 밑에서 주워 왔다느니 하는 대답은 바람직하지 않습니다. 사실대로 말해 주는데 단지 용어를 쉬운 우리말로 바꾸어 주시면 됩니다.

5세 이하의 아이일 경우, 엄마 몸 안에 아기집이 있고 그 안으로 아빠가 아기씨를 넣어 주면 조그만 아기가 생기고 점점 자라서 아기가 된다고 하시면 됩니다.

아이가 6세 이후가 되면 아기씨가 어떻게 들어가느냐는 것을 물어보는 경우가 많습니다. 이때 정식 이름으로 질을 알려줍니다.

"엄마 다리 사이에 입구가 있고 저 배 안에 있는 아기집까지 연결되어 있단다. 이 질은 아기 씨앗이 들어오는 길일 뿐만 아니라 나중에 아기가 나오는 길이기 때문에 아주 소중한 곳이란다"라고 일러줍니다.

그리고 남자아이의 경우 음낭이 아기씨 주머니이고 음경을 통해서 아기씨가 여자의 질 속으로 들어간다고 말해 줍니다. 이렇게 성기와 생명을 연관시켜 주면서 성기는 물론 몸의 소중함을 인식시켜 줍니다. 그러면서 자연스럽게 성폭력 예방법을 가르쳐 주시는 게 좋습니다.

59 누군가 몸을 만지려고 할 때
"싫어요" 하도록 훈련시킨다

최근 들어 어린아이를 대상으로 한 성추행이 날로 늘고 있습니다. 여성의 전화에 상담해 오는 상황을 보면 피해 어린이의 나이는 4세부터 19세까지였으며 가해자의 나이도 13세 소년부터 할아버지에 이르기까지 폭이 넓어졌습니다. 외국의 경우 피해 대상을 생후 6개월부터 잡고 있는 것을 볼 때 나이 어린 아동들도 성폭행의 피해에서 안전할 수 없는 것입니다.

우선 어린이 성폭행의 가해자와 발생 장소를 보면, 가해자의 대부분은 어린이가 아는 사람이라는 것입니다. 동네 오빠, 동네 아저씨, 친아버지 등 근친, 친척 등으로 거의 모두가 아는 사람에 의해서 저질러집니다. 그리고 이들 모두가 정신병자가 아닌 정상인입니다. 친척 오빠나 아저씨가 와서 자고 갈 경우, 아이가 어리다고 한 방에서 재우는 것은 좋지 않습니다.

또한 어린이 성폭행이 일어나는 시간도 어두울 때보다는 방과후 놀이터에서 놀 때인 대낮에 행해지는 경우가 많습니다. 이러한 사실도 아이에게 주지시키는 것이 좋습니다.

우리나라의 문화 풍토가 아기들을 보면 볼은 물론 입에 뽀뽀하는 것까지도 아무렇지 않게 생각하는데 이러한 행동이 외국에서는 당장 고발당할 수 있는 것입니다. 우리 아이들은 어른이 자신의 신체 부위를 만지는 게 모두 자기를 예뻐해서 그러는 것인 줄 알고, 싫으면서도 참는 경우가 많습니다. 이런 우리의 문화 풍토 때문에 부모님들이 아이에게 성폭력을 당하지 않는 방법에 대해 일러주고 훈련시키는 과정이

꼭 필요한 것입니다.

성폭력 예방에 대한 교육의 시작은 내 몸의 소중함을 아이에게 심어 주는 것입니다. 이 세상에서 가장 소중한 것이 내 몸이라는 것을 알려 주셔야 합니다. 특히 입술, 성기, 엉덩이 등 우리가 성감대라고 하는 부분들은 절대 만지게 해서는 안 된다고 일러둡니다. 만약 만지는 사람이 있을 때는 큰 소리로 울거나 "싫어요"라고 크게 말하라고 합니다. 그리고 나서 실제로 싫어요, 라고 말하는 훈련을 시키십시오.

이 '싫어요 훈련'을 시킬 때는 아이에게 수영복을 입혀 놓고 엄마가 만지는 사람이 되어서 아이의 신체 부위를 만집니다. 머리나 어깨, 또는 등을 쓰다듬을 때는 기분이 좋아지기 때문에 가만히 있지만, 성감대를 만질 때는 기분이 좋지 않기 때문에 그 즉시 "싫어요"라고 말하게 합니다. 이러한 훈련을 집에서 수시로 시켜서 누군가 자기를 만지려고 할 때 자동적으로 "싫어요"라고 말할 수 있도록 합니다. 자동적으로 이 말이 나오기 위해서는 반복 훈련이 필요합니다.

친척 아저씨나 이웃집 아저씨가 볼을 비비면서 뽀뽀를 하거나 할 때 아이가 싫다고 하면 옆에서 엄마가 "예쁘다고 그러시는데 참아야지 뭘 그러니"라고 말하는데 이것은 잘못된 것입니다. 누군가 자기를 만질 때 싫은 느낌을 가질 수도 있고 좋은 느낌을 가질 수도 있습니다. 싫은 느낌이 들 때는 반드시 그 즉시 싫어요 라고 말해야 합니다. 이것이 어렸을 때부터 훈련되어 있으면 커서도 자신의 느낌을 정확하게 표현할 수 있어 남자들이 추근대는 것을 피할 수 있습니다.

성폭행을 당했을 경우에는 특히 엄마가 잘 대처해야 합니다.

큰일을 당했다고 울고 불고 하면 아이에게 아주 좋지 않은 영향을 줍니다. 아이 앞에서는 되도록 의연한 태도를 취하고 곧바로 경찰에 신고한 뒤 병원에 갑니다. 병원에 가기 전에 목욕을 시키지 않아야 정액 채취가 가능하여 가해자를 잡는 데 도움이 됩니다. 성폭행을 당했을 때는 반드시 경찰에 신고를 해서 제2의 희생자가 나오는 것을 막도록 합시다.

성폭행은 신체적, 정신적 후유증이 크기 때문에 사전 예방이 중요합니다. 집에서 수시로 예방 교육을 하셔야 합니다. 특히 성폭행을 당했을 경우엔 아이가 상당 기간 동안 공포와 불안을 느끼므로 자주 따뜻하게 안아 주어 심리적 안정감을 갖게 하는 것이 필요합니다.

강한 아이 만들기

성폭력 예방에 대한 교육의 시작은 내 몸의 소중함을 아이에게 심어 주는 것입니다. 이 세상에서 가장 소중한 것이 내 몸이라는 것을 알려주셔야 합니다.

60 아이 마음 속의 불안을 없애주는 근육 이완법

우리 인간은 근육이 이완되어 있을 때, 즉 완전히 풀려 있을 때 정신적으로 편안함을 느끼게 됩니다. 이러한 원리를 이용한 것이 근육 이완법인데 마음속의 불안함을 없애는 데 아주 좋습니다. 아이들이 겪는 시험 불안, 분리 불안은 물론 성인들의 일반적인 불안감 등을 없애는 데도 효과적입니다. 그러므로 엄마가 먼저 근육 이완 방법을 잘 알아두었다가 아이에게 훈련시켜 보십시오.

근육 이완의 기본 원리는 힘을 세게 주었다가 서서히 빼는 것입니다. 즉 긴장과 이완을 반복하는 것입니다. 우선 긴장감과 이완감의 차이를 인식하기 위해서 예비 훈련을 해봅시다. 실제로 따라해 보는 것이 좋습니다.

조용한 음악을 틀어 놓고 의자에 편히 앉습니다. 그 다음 눈을 감으세요. 그리고 두 팔을 의자 뒤로 돌려 주먹을 꽉 쥐고 의자가 부서질 정도로 두 손과 팔에 힘을 주세요. 한 5초 정도 지난 후에 팔을 축 늘어뜨리고 손가락을 펴면서 서서히 손과 팔에 힘을 빼세요. 다시 한 번 해보세요. 긴장 상태와 이완 상태의 차이를 인식하셨을 겁니다. 편안함이 느껴지시나요?

이와 같은 방법으로 우리의 신체 부위 하나하나를 이완시켜 나가는 겁니다.

이완을 시키는 첫 번째 부위는 손과 팔입니다. 오른손 오른팔, 왼손 왼팔, 양손 양팔, 양쪽 발 위, 어깨 근육, 머리 근육, 안면, 혀, 눈, 이마, 배, 다리의 순서입니다. 그럼 지금부터 한 가지씩 순서대로 해봅시다.

우선 두 눈을 지그시 감고 가장 편안한 자세로 의자에 앉으세요. 오른손과 팔에 힘을 주는 것부터 시작합니다.

1. 오른손 주먹을 쥐가 날 정도로 꽉 쥐면서 힘을 주었다가 손바닥을 펴면서 오른손과 손가락에 있는 힘을 뺍니다. 힘을 완전히 빼는 것입니다.

2. 이번에는 왼손 주먹을 쥐가 닐 징도로 꽉 쥐면서 힘을 줬다가 서서히 손바닥을 펴면서 왼손 손가락에 있는 힘을 뺍니다. 힘을 완전히 빼세요.

3. 양손의 주먹을 동시에 꽉 쥐면서 아주 세게 힘을 주었다가 두 손과 팔에 있는 힘을 서서히 풀어 줍니다.

4. 이번에는 눈썹을 찡그리면서 이마에 주름을 잡아 이마 근육에 힘을 주었다가 서서히 이마 근육의 긴장을 풀어 줍니다.

5. 눈을 꼭 감고 눈알을 크게 굴려 눈의 근육에 힘을 주었다가 서서히 근육의 힘을 뺍니다.

6. 혀끝을 앞니 뒤편에 갖다대면서 혀에 힘을 주었다가 그 힘을 다시 서서히 뺍니다.

7. 이번에는 입술을 양 귀 쪽으로 끌어당기듯 세게 움직여 입술과 볼에 힘을 주었다가 서서히 그 힘을 풀어 줍니다.

8. 머리를 뒤로 젖혀 목에 힘을 꽉 주었다가 목 근육의 긴장을 풀어 줍니다.

9. 어깨를 귀 밑까지 끌어올려 어깨에 힘을 주었다가 어깨 근

육에 있는 힘을 서서히 뺍니다.

10. 등을 구부리면서 등 근육에 세게 힘을 주었다가 그 힘을 서서히 풀어 줍니다.

11. 숨을 크게 들이마시면서 배에 힘을 주었다가 숨을 밖으로 내뿜으면서 배의 힘을 서서히 뺍니다.

12. 두 다리를 늘어뜨려 발끝을 머리 쪽으로 구부리면서 세게 힘을 주었다가 그 힘을 서서히 뺍니다.

자, 온몸을 쭉 풀면서 숨을 한번 크게 쉽시다. 다시 한번 숨을 크게 쉬세요. 끝났습니다.

근육 이완법은 임상에서 공포증 환자나 불안 치료를 하는 데 자주 이용됩니다. 온몸의 근육을 이완시킨 상태에서 공포 유발 자극이나 불안 요소를 경험하게 함으로써 평소에는 공포스러웠던 자극이나 상황을 견딜 수 있게 하는 것입니다.

위의 근육 이완을 행하는 데는 약 20분 정도 소요됩니다. 일상 생활에서 근육 이완법을 자주 사용하고자 할 때는 심호흡과 팔다리의 이완만을 하는 간단한 방법을 사용해도 효과를 볼 수 있습니다.

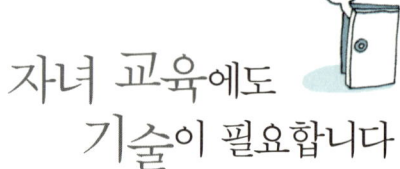

자녀 교육에도
기술이 필요합니다

"세상사람들 모두가 키우는 자식인데,
나는 왜 자식 키우기가 이렇게 힘들까?"

　대부분의 부모들이 가지고 있는 생각입니다. 자녀교육의 전문가라고
하는 나 자신도 마찬가지이니까요. 이제는 한두 명의 자녀만 두다 보
니까 자식에 대한 기대도 높아졌고, 지나친 경쟁사회에서 과연 내 아
이가 성공할 수 있을까라는 두려움, 거기에다 자식의 성공이 곧 부모
의 성공이라는 사회적 인식까지, 이 모두가 우리 부모들을 압박하는
것들입니다.

　자식은 사랑으로 키우면 된다라는 상식 같은 진리만으로는 요즈음
아이들 키우는 방법으로는 무언가 부족한 듯합니다. 그래서 자녀교육

서나 여러 매체를 통해 자녀교육에 대한 정보를 얻고자 노력을 하지만 어렵기는 마찬가지인 것 같습니다.

자녀 교육에도 기술이 필요합니다.

일전에 제가 방송 출연을 하면서 가장 기본적인 칭찬과 벌주는 방법을 알려드렸는데, 시청자들의 반응이 의외로 좋았습니다. 이러한 상황을 보면서, 우리 부모들이 많은 노력을 하면서도 실제적이고도 구체적인 방법들에 대해서는 잘 모르고 있다는 사실을 알았습니다. 그렇기 때문에 부모들이 끊임없이 잔소리를 하고 야단을 치는데도 아이의 행동변화는 보이지 않고, 공부하라고 그렇게 잔소리를 해도 아이의 올바른 학습습관은 몸에 배지 않는 것 같습니다.

이 책은 아이의 올바른 생활습관과 공부습관을 형성시키는 구체적인 방법을 제시하는 것에 중점을 두고 있습니다. 아이를 사랑하고 관심을 갖는 막연한 처방이 아니라 이 책을 읽고 난 후에 곧바로 실행할 수 있는 구체적인 방법을 알려드리고자 합니다.

자녀교육의 효율적인 방법은 부모나 아이나 모두가 힘들지 않고 자연스럽게 아이를 변화시키는 것입니다. 이 책을 보면 제가 의도하는 것이 무엇이라는 것을 알아차릴 수 있을 것입니다. 그것은 아이에게 직접적으로 개입하지 말고 환경적 배려를 통해 간접적으로 아이를 도와주자는 것입니다.

칭찬이 아이에게 보약이 된다는 것은 누구나 다 아는 사실입니다. 그렇다면 칭찬을 받을 수밖에 없는 상황을 많이 만들어야겠지요. 잔소리가 좋지 않다는 것도 다 알고 있는 사실입니다. 그렇다면 야단맞을 필요가 없는 상황을 만들어야되겠지요. 이것이 바로 환경적 배려입니다.

이 책을 읽으신 후에 많은 부모들이 전보다 편하게 아이를 변화시킬 수 있었다는 느낌을 갖게 되기를 바랍니다.

김순혜